단번에 통하는

중국어
여행회화

사사연 어학연구소 편저

도서출판 **사사연**

해외로 여행을 갈 때 단체로 여행을 가면 말이 통하지 않아서 생기는 불안감은 그다지 크지 않을 것입니다. 대부분 현지 사정에 밝은 가이드가 동반하기 때문입니다. 특히 중국에서는 우리와 마찬가지로 한자를 사용하기 때문에 중국어를 모르더라도 눈으로 읽어서 대충 이해할 수 있습니다. 그러나 회화는 경우가 좀 다릅니다. 통역이 있으면 도와주겠지만, 모처럼의 해외여행인데 하나부터 열까지 다른 사람의 도움을 받는다는 것도 무척 번거로운 일이 아닐 수 없습니다.

여행자 자신이 중국인에게 자신의 의사를 전달해 보려고 안간힘을 쓴다면 비록 발음이 어색하더라도 열심히 듣는 입장에 있는 중국인은 자기나라의 말인 만큼 감동하면서 열심히 이해하려고 노력할 것입니다. 통역이 없이 자신이 직접 외국어로 말을 한다는 것은 감정까지 전달하는 것이기 때문에 서로를 이해하는 데 많은 도움을 줄 뿐만 아니라 좋은 친구도 사귀게 되는 것입니다.

따라서, 이 책은 중국으로 여행, 출장, 비즈니스 유학 등을 떠나는 사람을 위하여 현장에서 바로 꺼내서 쓸 수 있도록 간편한 회화문으로 구성하였습니다.

※ 이 책은 다음과 같은 특징으로 꾸몄습니다.

1. 중국으로 여행을 가서 즉석에서 활용할 수 있도록 중국 여행에서 사용되는 간결하고 짧은 회화를 주로 모아서 엮었습니다.
2. 중국 여행을 할 때 부딪치는 모든 상황을 각 장면별로 짜임새 있고 찾아보기 쉽게 구성하였습니다.
3. 중국어를 전혀 알지 못하는 사람도 쉽게 이용할 수 있도록 원음에 충실하여 우리말 발음으로 표기하였습니다.

CONTENTS

◆ 여행 중국어 회화

기초 중국어 회화

인사를 할 때

↻ 안녕하십니까? (아침)

早上好!

짜오 쌍 하오

↻ 안녕하십니까? (낮)

你好!

니 하오

↻ 안녕하십니까? (저녁)

晚上好!

완 쌍 하오

↻ 아아!

哎!

아이

↻ 요즘 어떻게 지내세요?

你身体好吗?

니 썬 티 하오 마

▶ 잘 지내고 있어요.

身体很好。
선 티 헌 하오

▶ 덕분에 잘 지내고 있어요.

托你的福，我身体很好。
퉈 닌 더 푸　워 썬 티 헌 하오

▶ 잘 쉬셨습니까?

休息得好吗？
슈 시 더 하오 마

▶ 오랜만입니다.

好久不见了。
하오 쮸 뿌 찌앤 러

▶ 몇 년 만이죠?

有几年了？
유 지 니앤 러

▶ 여전하시네요.

你一点儿也没有变啊！
니 이 댈　예 메이 유 삐앤 아

11

⊃ 요즘 어떻게 지내십니까?

最近过得怎麽样?

쭈이 찐 꾸어 더 쩐 머 양

⊃ 저는 덕분에 잘 지내고 있습니다.

托您的福过得很好。

투어 닌 더 푸 꾸어 더 헌 하오

⊃ 만나서 기쁩니다.

见到你很高兴!

찌앤 따오 니 헌 까오 씽

⊃ 가족들은 모두 안녕하시지요?

家里人都好吗?

쟈 리 런 떠우 하오 마

⊃ 정말 놀랐습니다.

真没想到!

쩐 메이 샹 따오

⊃ 어떻게 여기에 계십니까?

你怎么也在这儿?

니 쩐 머 예 짜이 쩔

➡ 어떻게 여기에 오셨습니까?

你怎么到这儿来了?

니 쩐 머 따오 쩔 라이 러

➡ 안녕히 가세요(계세요).

再见!

짜이 찌앤

➡ 잘 지내세요.

祝你身体健康!

쭈 니 썬 티 찌앤 캉

➡ 그럼 또 만납시다.

那么下次再见!

나 머 싸 츠 짜이 찌앤

➡ 그럼 내일 또 봅시다.

明天见!

밍 티앤 찌앤

➡ 가까운 시일 내에 다시 만납시다.

过几天再见!

꿔 지 티앤 짜이 찌앤

➲ 안녕히 주무세요.

晚安！
완 안

➲ 이만 실례하겠습니다.

我该走了。
워 까이 쩌우 러

➲ 또 오십시오.

请再来吧。
칭 짜이 라이 바

➲ 저는 또 약속이 있습니다.

我还有约会呢。
워 하이 유 웨에 후이 너

➲ 그만 가 봐야겠습니다.

我要告辞了。
워 야오 꼬우 츠 러

➲ 폐를 끼쳤습니다.

麻烦你了。
마 판 니 러

감사·사죄를 할 때

⟳ 고마워요.

谢谢!
씨에 씨에

⟳ 천만에요. / 별말씀을요.

不客气。
뿌 커 치

⟳ 괜찮아요.

不必了。
뿌 삐 러

⟳ 아뇨, 저야말로요.

哪儿的话。
날　더 화

⟳ 수고하셨습니다.

你辛苦了。
니 신 쿠 러

非常感谢。

페이 창 깐 씨에

친절히 해 주셔서 감사합니다.

您这么亲切，谢谢您了！

닌 쩌 머 칭 치에   씨에씨에 닌 러

대단히 감사합니다.

太感谢你了。

타이 깐 씨에 니 러

도움을 주셔서 감사합니다.

谢谢你的帮助。

씨에 씨에 니   더 빵 쭈

미안합니다.

对不起。

뚜이 뿌 치

죄송합니다.

很抱谦。

헌 빠오치앤

➜ 대단히 죄송합니다.

真对不起。
쩐 뚜이 뿌 치

➜ 괜찮습니다.

没什么。
메이 썬 머

➜ 늦어서 미안합니다.

很对不起，我来晚了。
헌 뚜이 뿌 치   워 라이 완 러

➜ 용서해 주십시오.

请您原谅。
칭 닌 왠 량

➜ 정말 죄송하게 생각합니다.

真过意不去。
쩐 꿔 이 뿌 취

➜ 오래 기다리게 했군요.

让你久等了。
랑 니 쥬 떵 러

17

축하·위로·칭찬을 할 때

➲ 축하합니다.

祝贺你!
쭈 허 니

➲ 생일을 축하합니다.

祝你生日愉快!
쭈 니 성 르 위 콰이

➲ 진심으로 축하드립니다.

向你表示忠心的祝贺。
쌍 니 빠오 쓰 쭝 씬 더 쭈 허

➲ 새해 복 많이 받으세요.

新年好!
씬 니앤 하오

➲ 승진을 축하합니다.

恭喜你升职!
꿍 시 니 썽 즈

↪ 진심으로 애도를 표합니다.

表示衷心的哀悼。

빠오 쓰 쭝 씬 더 아이 따오

↪ 정말로 안 됐군요.

实在太不幸了!

스 짜이 타이 뿌 씽 러

↪ 몸조리 잘 하세요.

请多保重!

칭 둬 뽀우 쭝

↪ 정말 예쁘군요.

你真漂亮!

니 전 표우 량

↪ 중국어를 아주 잘하시는군요.

你汉语说得不错。

니 한 위 쒀 더 뿌 춰

↪ 너무 좋습니다.

太好了。

타이하오 러

> 별 말씀을 다하십니다.

不敢当!
뿌 깐 땅

> 과찬입니다.

你过奖了。
니 꿔 쟝 러

> 아직도 멀었습니다.

还不行。
하이 뿌 씽

> 아직도 못 미칩니다.

还差得远呢。
하이 차 더 왠 너

> 그저 그래요.

马马虎虎。
마 마 후 후

> 아주 좋습니다.

挺好, 你呢?
팅 하오 니 너

20

▷ 정말 기쁩니다.

我很高兴。
워 헌 까오 씽

▷ 정말 통쾌해요.

真痛快！
쩐 통 콰이

▷ 정말 가슴 아파.

真伤心。
쩐 쌍 씬

▷ 정말 재수없어.

真倒霉。
쩐 따오 메이

▷ 슬퍼하지 마라!

别难过！
비에 난 꿔

> 실망했어.

太失望了。
타이스 왕 러

> 싫어!

讨厌！
타오 앤

> 너무해!

太过分了！
타이 꿔 펀 러

> 아, 놀랐다!

哎呀，吓我一跳！
야 아　　쌰 워 이 타오

> 불쌍하다! / 가엾다!

真可怜！
쩐 꺼 리안

> 자, 걱정하지 마세요.

想开点儿。
쌍 카이　 댈

처음 뵙겠습니다.

初次见面！
추 츠 찌앤 미앤

만나 뵙게 돼서 기쁩니다.

见到您很高兴。
찌앤따오 닌 헌 까오 씽

저야말로 반갑습니다.

我也很高兴。
워 예 헌 까오 씽

제 소개를 하겠습니다.

让我自我介绍一下。
랑 워 쯔 워 찌에싸오 이 싸

양씨를 소개하겠습니다.

让我介绍一下杨先生。
랑 워 찌에 싸오 이 싸 양 씨앤 썽

➲ 소개해 주십시오.

请给我介绍一下。

칭 께이 워 찌에 싸오 이 쌰

➲ 성함은 어떻게 되십니까?

您贵姓？

닌 꾸이 씽

➲ 저는 홍길동이라고 합니다. 성은 홍입니다.

我叫洪吉童。 我姓洪。

워 짜오 훙 지 퉁　　워 씽 훙

➲ 저는 한국인입니다.

我是韩国人。

워 쓰 한 궈 런

➲ 무슨 일은 하십니까?

您在哪儿工作？

닌 짜이 날　꿍 쮜

➲ 저는 회사원(학생)입니다.

我是公司职员(学生)。

워 쓰 꿍 스 즈 왠　쉐 썽

24

저는 여행 중입니다.

我正在旅行。

워 쩡 짜이 뤼 씽

주소는 어떻게 됩니까?

您住在哪儿。

닌 쭈 짜이 날

어디서 오셨습니까?

您从什么地方来?

닌 충 썬 머 띠팡 라이

저는 한국에서 왔습니다.

我是从韩国来的。

워 쓰 충 한 궈 라이 더

말씀 많이 들었습니다.

久仰大名。

쥬 양 따 밍

앞으로 많이 도와주세요.

今后，请多帮助。

찐 허우 칭 둬 빵 쭈

긍정과 부정을 할 때

⊃ 네.

是。

쓰

⊃ 좋아요.

可以。

커 이

⊃ 좋습니다.

好。

하오

⊃ 그래요. / 옳아요.

对（就是）。

뛰이 (찌유 쓰)

⊃ 그것으로 충분해요.

这就足够了。

쩌 찌유 주 꺼우 러

26

훌륭해요.

太好了。
타이 하오 러

기꺼이.

我很高兴。
워 헌 까오 씽

당신 말이 맞습니다.

您说得对。
닌 쒀 더 뚜이

아뇨.

不是。
뿌 쓰

아뇨, 괜찮습니다.

不用了。
뿌 융 러

그럴 필요가 없습니다.

不必了。
뿌 삐 러

➲ 천만에 말씀입니다.

哪儿的话。

날 더 화

➲ 절대로 안 됩니다.

绝对不行。

쩨 뚜이 뿌 씽

➲ 유감입니다.

很遗憾。

헌 이 한

➲ 아마 그럴 겁니다.

可能（恐怕）。

커 넝 （쿵 파）

➲ 생각해 보겠습니다.

我考虑一下。

워 카오 뤼 이 싸

➲ 저는 그렇게 생각하지 않습니다.

我没那么想过。

워 메이 나 머 쌍 꿔

맞장구를 칠 때

⟳ 맞습니다. 맞아요.

对了，对了。
뚜이 러　뚜이 러

⟳ 그렇고말고요.

可不是吗。
커 뿌 쓰 마

⟳ 당연합니다.

当然。
땅 런

⟳ 그래요.

是吗？
쓰 마

⟳ 정말요?

真的吗？
쩐 더 마

⊃ 그러나,

那个,
나 거

⊃ 제 생각에는,

我想,
워 샹

⊃ 솔직히 말해서,

不满你说,
뿌 만 니 쒀

⊃ 지당하신 말씀입니다.

说得千真万确。
쒀 더 치앤 쩐 완 취에

⊃ 정말 옳으신 말씀입니다.

说得很有道理。
쒀 더 헌 유 따오리

⊃ 당신 말씀이 백 번 옳습니다.

你说的一百个正确。
니 쒀 더 이 빠이 거 쩡 취에

간단한 질문을 할 때

→ 누가 옵니까?

谁 来 呢 ?
쑤이 라이 너

→ 누구에게 물어보면 될까요?

问 谁 好 呢 ?
원 쑤이 하오 너

→ 누구를 찾으십니까?

你 找 谁 ?
니 짜오 쑤이

→ 누구와 갑니까?

跟 谁 去 ?
껀 쑤이 취

→ 이것은(그것은, 저것은) 무엇입니까?

这 (那) 是 什 么 ?
쩌 (나) 쓰 썬 머

→ 이것은(그것은, 저것은) 뭐라고 합니까?

这(那)叫什么?

쩌 (나) 짜오 썬 머

→ 이건 중국어로 뭐라고 합니까?

这个用中文怎么说?

쩌 거 융 쭝 원 쩐 머 쒀

→ 이것은(그것은, 저것은) 누구 것입니까?

这个(那个)是谁的?

쩌 거 (나 거) 쓰 쑤이 더

→ 이건 어떻게 사용합니까?

这个怎么用?

쩌 거 쩐 머 융

→ 무엇을 원합니까?

你想买什么?

니 쌍 마이 썬 머

→ 다른 것이 있습니까?

有别的吗?

유 비에 더 마

➡ 어디서 얻을 수 있습니까?

在哪儿能弄到?

짜이 날 넝 눙 따오

➡ 어디서 만날까요?

在哪儿见面好?

짜이 날 찌앤미앤 하오

➡ 어디에 엘리베이터가 있습니까?

电梯在哪儿?

띠앤 티 짜이 날

➡ 어디에 가십니까?

您去哪儿?

닌 취 날

➡ 어느 쪽에서?

哪边儿?

나 밸

➡ 화장실은 어디입니까?

厕所在哪儿?

처 쒀 짜이 날

⊃ 언제 엽니까(닫습니까?)

什么时候开(关)门?

썬 머 스 허우카이 (꽌) 먼

⊃ 언제 만날까요?

什么时候见面好?

썬 머 스 허우 찌앤 미앤 하오

⊃ 왜 / 어째서?

为什么?

워이 썬 머

⊃ 무엇 때문에?

做什么用?

쭤 썬 머 융

⊃ 어떻게 하고 싶습니까?

你希望怎么做?

니 씨 왕 쩐 머 쭤

⊃ 어떻게 하면 좋을까요?

怎么办好呢?

쩐 머 빤 하오 너

⊃ 날씨가 좋군요.

天气很好啊。

티앤 치 헌 하오 아

⊃ 활짝 개어서 상쾌하군요.

天气晴朗，真爽快啊！

티앤 치 칭 랑　　전 쌍 콰이 아

⊃ 날씨가 흐리군요.

天阴了。

티앤 인 러

⊃ 비가 내리는군요.

下(着)雨呢。

싸 (저) 위 너

⊃ 비가 올 것 같군요.

好象要下雨啊。

하오 쌍 야오 싸 위 아

> 바람이 세차군요.

风很大啊！

펑 헌 따 아

> 날씨가 덥군요(흐리군요).

天气很热（冷）啊。

티앤 치 헌 러 （렁） 아

> 내일 날씨는 어떻습니까?

明天天气怎么样？

밍 티앤 티앤 치 쩐 머 양

> 이렇게 좋은 날씨는 처음 봅니다.

这么好的天气我是第一次。

쩌 머 하오 더 티앤 치 워 쓰 띠 이 츠

> 날씨가 우중충하군요.

天气潮湿阴暗。

티앤 치 차오 쓰 인 안

> 날씨의 변덕이 너무 심합니다.

天气变化无常。

티앤 치 삐앤 화 우 창

36

➲ 몇 시입니까?

几点了?
지 댄 러

➲ 10시입니다.

十点。
스 댄

➲ 정각 8시입니다.

八点整。
빠 댄 정

➲ 7시 6분 좀 지났어요.

七点过六分。
치 댄 꿔 류 펀

➲ 5시 4분전입니다.

五点差四分。
우 댄 차 쓰 펀

> 2시 반입니다.

两点半/两点三十分。

량 댄 빤　량 댄 싼 스 펀

> 몇 시에?

几点～?

지 댄

> 시간이 얼마나 걸립니까?

需要多长时间?

쉬 야오 둬 창 스 지앤

> 몇 시에 기상했습니까?

几点起床的?

지 댄 치 촹 더

> 은행은 몇 시에 문을 엽니까?

银行几点开门?

인 항 지 댄 카이 먼

> 9시반에 문을 엽니다.

九点半开门。

지유 댄 빤 카이 먼

오늘은 며칠입니까?

今天几号?

찐 티앤 지 하오

오늘은 6일입니다.

今天六号。

찐 티앤 류 하오

오늘은 무슨 요일입니까?

今天星期几?

찐 티앤 씽 치 지

오늘은 월요일입니다.

今天星期一。

찐 티앤 씽 치 이

생일은 언제입니까?

你的出生年月日是?

니 더 추 셩 니앤 웨 르 쓰

> 당신은 몇 살입니까?

您多大岁数?
닌 뒤 따 쑤이 쑤

> 저는 21살입니다.

我二十一岁了。
워 얼 스 이 쑤이러

> 며칠이나 걸립니까?

得多少天?
더 뒤 쏘우 티앤

> 내일 무엇을 하시렵니까?

明天打算做什么?
밍 티앤 다 쏸 쮜 션 머

> 우리 다음 주 월요일에 만납시다.

咱们下星期一见吧。
잔 먼 쌰 싱 치 이 찌앤 바

> 내일 오후 고궁을 관광하려고 합니다.

明天下午想看故宫。
밍 티앤 쌰 우 썅 칸 꾸 궁

⊃ 몇 사람?

几位?
지 워이

⊃ 몇 개?

几个?
지 거

⊃ 어느 정도? (시간)

多长时间?
둬 창 스 지앤

⊃ 어느 정도? (수)

多少?
둬 쏘우

⊃ 어느 정도? (길이)

多长?
둬 창

어느 정도? (높이)

多高?
뒤 까오

얼마나? (금액)

多少钱?
뒤 쏘우치앤

얼마나 멉니까?

有多远?
유 뒤 왠

몇 살입니까?

你几岁了?
니 지 쑤이 러

몇 년생입니까?

你是哪一年生的?
니 씨 나 위 니안썽 더

아이는 몇입니까?

有孩子吗?
유 하이 지 마

자.

请。
칭

잠깐 기다려 주세요.

请等以下。
칭 떵 이 싸

먼저 가세요.

请先走。
칭 씨앤 쩌우

그것을 보여 주세요.

请给我看看那个。
칭 께이 워 칸 칸 나 거

어떻게 하는지 가르쳐 주세요.

请告诉我怎么弄。
칭 까오쑤 워 쩐 머 눙

⊃ 서둘러 주세요.

请快点儿。
칭 콰이 댈

⊃ 시간이 없습니다.

没时间了。
메이 스 지앤 러

⊃ 담배를 피워도 되겠습니까?

可以吸烟吗？
커 이 시 앤 마

⊃ 창문을 열어도(닫아도) 되겠습니까?

可以开（关）窗户吗？
커 이 카이 （꽌） 촹 후 마

⊃ 여기에 앉아도 되겠습니까?

可以坐这儿吗？
커 이 쭤 쩔 마

⊃ 함께 식사하지 않겠습니까?

一起吃饭好吗？
이 치 츠 판 하오 마

44

⊃ 시간 있으세요?

您有空吗?
닌 유 쿵 마

⊃ 도와 드릴까요?

我来帮忙吧。
워 라이 빵 망 바

⊃ 도와주실 수 있겠어요?

能帮帮忙吗?
넝 빵 빵 망 마

⊃ 어떻게 된 겁니까?

你怎么了?
니 쩐 머 러

⊃ 이제 됐습니까?

这样行吗?
쩌 양 씽 마

⊃ 뭐라고요? 다시 한번 말씀해 주세요.

什么? 请再说 一遍。
썬 머   칭 짜이 쒀 이 삐앤

제안이 있습니다.

想提个建议。
샹 티 거 찌앤 이

다른 제안이 있습니다.

有个建议。
유 거 찌앤 이

이제 시작하면 어떻습니까?

现在开始怎么样?
씨앤 짜이카이 쓰 쩐 머 양

오늘은 이 정도로 하는 것이 어떻겠습니까?

今天就这么结束怎么样?
찐 티앤 찌우 쩌 머 지에 쑤 쩐 머 양

오늘 저녁 한 잔 하는 것이 어떻겠습니까?

今天晚上我们喝一杯怎么样?
찐 티앤 완 쌍 워 먼 허 이 뻬이 쩐 머 양

➡ 함께 가지 않으시겠습니까?

可以一起走吗？

커 이 이 치 쩌우 마

➡ 함께 영화를 보러 가지 않으시겠습니까?

一起去看电影怎么样？

이 치 취 칸 띠앤잉 쩐 머 양

➡ 괜찮습니다.

没关系。

메이 꾸완 씨

➡ 문제없습니다.

没问题。

메이 웬 티

➡ 안 될 것 같습니다.

我觉得不可以。

워 슈에 더 뿌 커 이

➡ 다음에 다시 불러 주십시오.

下次再请我吧。

쌰 츠 짜이 칭 워 빠

⊃ 당신에게 충고하고 싶은 말이 있습니다.

想忠告你一句话。

쌍 쭝 까오 니 이 쮜 화

⊃ 돈을 너무 쓸데없이 낭비하지 마십시오.

不要随便浪费金钱。

뿌 야오 수이 삐앤 랑 페이 찐 치앤

⊃ 자신이 한 말은 자신이 책임을 져야 하지 않을까요?

是不是应该对自己说的话要负责?

쓰 뿌 쓰 잉 까이 뚜이 쯔 지 쉬 더 화 야오 푸 저

⊃ 담배는 몸에 해로우니 금연하는 것이 어떨까요?

抽烟损害健康。 想不想戒烟。

처우 이앤 쑨 하이 찌앤 캉   쌍 뿌 샹 찌에 이앤

⊃ 제 충고를 받아주셔서 감사합니다.

接受我的忠告表示谢意。

지에 써우 워 더 쭝 까오 빠오 스 씨에 이

➡ 당신에게 조언을 하고자 합니다.

我想请教你一下。

워 쌍 칭 쨔오 니 이 이쌰

➡ 경찰에 알리는 것이 좋을 것 같습니다.

去报警会好一点的。

취 빠오 징 후이 하오 이 댄 더

➡ 병원에 가서 의사에게 진찰을 받아보는 것이 좋겠습니다.

觉得到医院作一下检查会好的。

쥐에 더 따오 이 위앤 쭤 이 쌰 지앤 차 후이 하오 더

➡ 말에 품위를 지키는 것이 좋을 듯합니다.

觉得说话要讲究点体面才好。

쥐에 더 쒀 화 야오 쨩 지우 댄 티 맨 차이 하오

➡ 말하기 전에 좀더 깊이 생각하십시오.

说话前要三思而行。

쒀 화 치앤 야오 싼 쓰 얼 씽

➡ 말을 좀더 고상하게 하십시오.

说话要文雅一点。

쒀 화 야오 원 야 이 댄

여행 중국어 회화

PART 1

" 중국에
입국하기까지

기내에서

➲ 제 자리가 어딘지 가르쳐 주시겠습니까?

能否告诉我座位在哪儿?

넝 퍼우 까오 쑤 워 쭤어 워이 짜이 날

➲ 이 번호의 좌석은 어디에 있습니까?

这个座位在哪儿?

쩌 거 쭤 워이 짜이 날

➲ 탑승권을 보여 주십시오.

请给我您的登机牌。

칭 께이 워 닌 더 떵 지 파이

➲ 손님의 좌석은 저쪽입니다.

旅客的座位在那儿。

뤼 커 더 쭤어 워이 짜이 날

➲ 이 짐은 어디에 두는 것이 좋을까요?

这件行李放哪儿好呢?

쩌 찌앤 씽 리 팡 날 하오 너

■ 곧 이륙하니 안전벨트를 매주십시오.

飞机就要起飞了，请系好安全带。
페이 지 찌우 야오 치 페이 러　　칭 찌 하오 안 취앤 따이

■ 머리가 아픈데 두통약을 주십시오.

头疼，请给我头痛药。
터우 텅　　칭 께이 워 터우 퉁 야오

■ 미안하지만, 좀 지나가겠습니다.

对不起，请让我过一下。
뚜이 뿌 치　　칭 랑 워 꿔 이 쌰

■ 저쪽 자리로 옮겨도 될까요?

可以挪到那里吗?
커 이 눠 따오 나 리 마

■ 북경까지는 얼마나 걸립니까?

到北京需要多长时间?
따오 뻬이 징 쒸 야오 둬 창 스 지앤

■ 상해에는 정시에 도착을 합니까?

正点到达上海吗?
쩡 댄 따오 다 쌍 하이 마

기내 서비스를 받을 때

↪ 무얼 드시겠습니까?

您要什么?

닌 야오 썬 머

↪ 기내음식을 서비스합니까?

机内提供膳食吗?

지 네이 티 꿍 싼 스 마

↪ 어떤 음료가 있습니까?

有些什么饮料?

유 시에 썬 머 인 료우

↪ 화장실은 어디입니까?

洗手间在哪儿?

씨 써우 지앤 짜이 날

↪ 비상구는 어디 입니까?

安全出口在哪儿?

안 취앤 추 커우 짜이 날

○ 물을 한 잔 주십시오.

请给我一杯水。

칭 게이 워 이 뻬이 쑤이

○ 한국 신문이 있습니까?

有没有韩国报纸？

유 메이 유 한 궈 빠오 즈

○ 기내에서 면세품을 팝니까?

机内提供饮食服务吗？

지 네이 티 꿍 인 스 푸 우 마

○ 입국서류를 어떻게 쓰는지 가르쳐 주십시오.

请告诉我怎么填写入境卡。

칭 까오 쑤 워 쩐 머 티앤 씨에루 찡 카

○ 몸이 안 좋습니다.

我不舒服。

워 뿌 수 푸

○ 기내에 의사가 있습니까?

机上有医生吗？

지 쌍 유 이 썽 마

입국심사를 받을 때

➲ 여권을 보여 주십시오.

请出示您的护照。

칭 추 쓰 닌 더 후 짜오

➲ 네, 이것이 나의 여권입니다.

啊, 这是我的护照。

아 쩌 쓰 워 더 후 짜오

➲ 한국에서 오셨나요?

您是从韩国来的吗?

닌 쓰 충 한 궈 라이 더 마

➲ 여행목적은 무엇입니까?

您的旅行目的是什么?

닌 더 뤼 씽 무 더 쓰 썬 머

➲ 관광으로 왔습니다.

我是来观光的。

워 쓰 라이 꽌 꾸앙 더

➲ 비즈니스로 왔습니다.

我是来出差的。

워 쓰 라이 추 차이 더

➲ 무슨 용건으로 오셨나요?

您来做什么?

닌 라이 쭈어 썬 머

➲ 중국에 얼마나 머무를 겁니까?

打算在中国停留几天?

따 쑤완 짜이 쭝 궈 팅 리우 지 티앤

➲ 며칠 머무실 겁니까?

打算逗留几天?

따 쏸 떠우 류 지 티앤

➲ 약 일 주일 정도 머무를 예정입니다.

打算停留一周左右。

따 쑤완 팅 리우 이 쩌우 쥐 여우

➲ 어디에 머무실 겁니까?

打算住在哪儿?

따 쑤완 쭈 짜이 날

> 아직 결정하지 않았습니다.

还没有决定。

하이메이 유 쒜 띵

> 북경호텔을 예약했습니다.

已预订好住在北京饭店。

이 위 띵 하오 쭈 짜이 뻬이 징 판 띠앤

> 친구 집에 머물 겁니다.

打算住在朋友家。

따 쑤완 쭈 짜이 펑 여우 쟈

> 친척집에 머물 것입니다.

打算住在亲戚家。

따 쑤완 쭈 짜이 친 치 쟈

> 중국은 처음이신가요?

头一次来中国吗?

터우 이 츠 라이 쭝 궈 마

> 일행이 몇 분이십니까?

同行的有几个人?

퉁 씽 더 유 지 거 런

⤴ 어디서 짐을 찾습니까?

请问，在哪儿取行李?

칭 원 　 짜이 날 취 씽리

⤴ 이 트렁크는 제 것입니다.

这个皮箱是我的。

쩌 거 피 샹 쓰 워 더

⤴ 제 가방이 없어졌습니다.

我的行李不见了。

워 너 씽 디 누 씨앤 러

⤴ 제 여행가방 하나가 보이지 않습니다.

我的一个行李不见了。

워 더 이 거 씽 리 뿌 찌앤 러

⤴ 이것이 수화물 인환증입니다.

这是行李票。

쩌 쓰 씽 리 표우

➲ 짐이 몇 개입니까?

您有几件行李？

닌 유 지 쨴 씽 리

➲ 수화물 하나가 모자랍니다.

托运的行李少一件。

퉈 윈 더 씽 리 쏘우 이 찌앤

➲ 제 짐이 파손되었습니다.

我的行李破损了。

워 더 씽 리 푸어 쑨 러

➲ 가방에 있던 물건이 파손되었습니다.

皮包里面的东西破了。

피 빠오 리 맨 더 뚱 시 푸어 러

➲ 수화물표를 보여주세요.

请给看一下取货单。

칭 께이 칸 이 쌰 취 훠 딴

➲ 짐을 찾으면 연락 주시겠습니까?

找到行李后通知我一下好吗？

짜오따오 씽 리 허우 퉁 즈 워 이 쌰 하오 마

▷ 짐은 이게 전부입니까?

就这些行李吗?

찌우 쩌 씨에 씽 리 마

▷ 네, 이게 전부입니다.

是啊，就这些。

쓰 아　　찌우 쩌 씨에

▷ 가방을 좀 열어 주시겠습니까?

可以打开一下旅行包吗?

커 이 따 카이 이 쌰 뤼 씽 빠오 마

▷ 가방을 열어봐도 되겠습니까?

可以打开看一下旅行包吗?

커 이 따 카이 칸 이 쌰 뤼 씽 빠오 마

▷ 네, 열어 보십시오.

好的，打开看一下吧。

하오 더　　따 카이 칸 이 쌰 바

신고할 물건은 있으십니까?

有没有需要申报的东西?

유 메이 유 쒸 야오썬 빠오 더 뚱 시

아뇨, 마땅히 신고할 물건이 없는데요.

没有，没有申报的东西。

메이 유   메이 유 썬 빠오 더 뚱 시

이것은 무엇입니까?

这是什么东西?

쩌 쓰 썬 머 뚱 시

친구에게 줄 선물입니다.

这是送给朋友的礼品。

쩌 쓰 쏭 께이 펑 유 더 리 핀

그것은 제가 쓰는 물건입니다.

那是我的随身用品。

나 쓰 워 더 쑤이 썬 융 핀

통과하십시오.

您可以过境。

닌 커 이 꾸어 찡

> 여행 안내소는 어디에 있습니까?

旅行问讯处在哪儿?

뤼 씽 원 쉰 추 짜이 날

> 공항에 숙박안내소가 있습니까?

机场有饭店介绍处吗?

지 창 유 판 땐 찌에 쏘우 추 마

> 말 좀 묻겠습니다.

请问。

칭 원

> 무엇을 도와드릴까요?

您需要我们的帮助吗?

닌 쉬 야오 워 먼 더 빵 쭈 마

> 국제 전화는 어디서 겁니까?

国际电话在哪儿打?

궈 찌 띠앤 화 짜이 날 따

65

만리장성을 가려는데 교통편을 어떻게 이용해야죠?

去长城应该坐什么车呢?

취 창 청 잉가이 쭈어 썬 머 처 너

시내지도를 얻을 수 있을까요?

能不能弄一份市内地图?

넝 뿌 넝 눙 이 펀 쓰 네이 띠 투

여기서도 호텔을 예약할 수 있습니까?

在这儿也可以预订饭店吗?

짜이 쩔 예 커 이 위 띵 판 띠앤 마

그 호텔까지는 어떻게 가야 합니까?

那个饭店怎麼走?

나 거 판 띠앤 쩐 머 저우

환전소는 어디에 있습니까?

请问, 兑换处在哪里?

칭 원 뚜이 환 추 짜이 나 리

이 달러를 중국돈으로 바꾸고 싶습니다.

想把这些美元换成人民币。

쌍 바 쩌 씨에 메이위앤 환 청 런 민 삐

시내로 가는 버스가 없습니까?

没有到市内的汽车吗?

메이 유 따오 쓰네이 더 치 처 마

어디까지 가시는데요?

您到哪儿下车?

니 따오 날 쌰 처

베이징 호텔까지 가려고 합니다.

到北京饭店。

따오 뻬이 징 판 띠앤

포터를 불러주십시오.

请帮我叫一下行李搬运员。

칭 빵 워 짜오 이 쌰 씽 리 빤 윈 위앤

이 짐을 택시정류장까지 운반해 주십시오.

请把这些行李运到出租汽车站。

칭 바 쩌 씨에 씽 리 윈 따오 추 주 치 처 짠

이 공항버스는 베이징 호텔에 섭니까?

请把行李放到车后备箱里去。

칭 빠 씽 리 팡 따오 처 허 우 쌍 리 취

시내 중심가까지 몇 시간 걸립니까?

去市中心要多少时间?

취 쓰 쫑 씬 야오 뒈 쏘우 스 지앤

택시 타는 곳은 어디에 있습니까?

出租汽车站在哪儿

추 주 치 처 짠짜이 날

이 짐을 트렁크에 실어 주세요.

请把行里放到车后箱里去。

칭 빠 씽 리 팡 따오 처 허우쌍 리 취

(주소를 보여주며) 이곳까지 데려다 주십시오.

请带我去这个地方。

칭 따이 워 취 쩌 거 띠 팡

내릴 곳을 알려주십시오.

请告诉我在哪儿下车。

칭 까오 쑤 워 짜이 날 싸 처

68

PART 2

" 호텔에서
편하게 숙박하기

호텔을 예약할 때

↺ 예약을 하고 싶은데요.

想预订一下。
쌍 위 띵 이 싸

↺ 방을 예약할 수 있습니까?

可以预订房间吗?
커 이 위 띵 팡 지앤 마

↺ 빈 방은 있습니까?

有没有空房间?
유 메이 유 쿵 팡 지앤

↺ 어떤 방을 원하십니까?

需要什么样的房间?
쒸 야오 썬 머 양 더 팡 찌앤

↺ 며칠 묵으실 겁니까?

你要住几天?
니 야오 쭈 지 티앤

► 5일 밤을 투숙하려고 합니다.

打算在这儿住5天。

따 쑤안 짜이 쩔 쭈 우 티앤

► 이 호텔은 하루 숙박비가 얼마입니까?

这个饭店的房费是多少？

쩌 거 판 띠앤 더 팡 페이 쓰 둬 싸오

► 전망이 좋은 방으로 부탁드립니다.

拜托景致好一点的房间。

빠이 퉈 찡 쯔 하오 이 댄 더 팡 지앤

► 그보다 더 싼 방은 없습니까?

有没有更便宜的房间？

유 메이 유 껑 팬 이 더 팡 지앤

► 시간이 다소 늦더라도 예약을 취소하지 말아 주십시오.

即使稍微晚一点也不要取消预订。

지 스 싸오 워이 완 이 댄 예 뿌 야오 취 싸오 위 띵

► 예약 날짜를 변경하고 싶은데요.

打算变更预订日期。

따 쑤안 삐앤 껑 위 띵 르 치

○ 어서 오십시오.

请进。
칭 찐

○ 지금 체크인할 수 있습니까?

现在可以登记吗?
씨앤짜이 커 이 떵 찌 마

○ 체크인을 부탁합니다.

请办理住宿登记。
칭 빤 리 쭈 쑤 떵 지

○ 방을 예약하셨습니까?

您有没有预订房间?
닌 유 메이 유 위 띵 팡 지앤

○ 서울에서 예약했습니다.

我在首尔订了房间。
워 짜이 쇼 얼 띵 러 팡 지앤

○ 잠깐만 기다려 주십시오. 확인을 하겠습니다.

请稍等，我给您确认一下。

청 싸오 떵　　워 께이 닌 취에런 이 쌰

○ 손님은 예약이 되어 있지 않은데요.

先生，您没有预订房间。

시앤 상　　닌메이 유 위 띵 팡 지앤

○ 어느 분의 성함으로 예약이 되어 있습니까?

用谁的名字预订的？

융 쎄이더 밍 쯔 위 띵 더

○ 숙박카드를 기입해 주세요.

请填写一下这个。

칭 티앤 씨에 이 쌰 쩌 거

○ 손님 방은 20층 2015호입니다.

你的房间是20层2015 号。

니 더 팡 지앤 쓰 얼스 청 얼링야오우 하오

○ 예약을 하지 않았는데 방을 구할 수 있습니까?

没有预订房间，能不能给一个房间？

메이 유 위 띵 팡 지앤　　넝 뿌 넝 께이 이 거 팡 지앤

⊃ 네, 어떤 방을 원하십니까?

可以，您需要什么样的房间?
커 이　　닌 쒸 야오 썬 머 양 더 팡 지앤

⊃ 실례지만 몇 분이십니까?

对不起，是几位?
뚜이 뿌 치　　쓰 지 워이

⊃ 전망이 좋은 방으로 주십시오.

请给一个风景好的房间。
칭 께 이 거 펑 징 하오 더 팡 지앤

⊃ 하루에 얼마입니까?

住宿费一天多少钱?
쭈 쑤 페이 이 티앤 둬 싸오 치앤

⊃ 좀더 싼 방은 없습니까?

没有比这个稍便宜的房间吗?
메이 유 비 쩌 거 싸오 피앤 이 더 팡 지앤 마

⊃ 아침식사도 포함이 된 것입니까?

早餐费也包括在内吗?
짜오 찬 페이 예 빠오 쿠어 짜이 네이 마

➡ 미안합니다. 짐을 로비까지 운반해 주십시오.

劳驾，请把行李送到大厅。

라오 찌야   칭 빠 씽 리 원 따오 따 팅

➡ 짐을 방으로 옮겨 주세요.

帮我把行李搬到房间，行吗？

빵 워 바 씽 리 빤 따오 팡 지앤   씽 마

➡ 종업원에게 짐을 운반해 달라고 하십시오.

请叫服务员给我搬行李。

칭 짜오 푸 우 왠 께이 워 빤 씽 리

➡ 식당은 몇 시에 엽니까?

食堂几点开门？

스 탕 지 댄 카이 먼

➡ 식당에서 한식은 됩니까?

食堂里有韩餐吗？

스 탕 리 유 한 찬 마

⊃ 커피숍은 어디 있습니까?

咖啡馆在哪儿?

카 페이 구완 짜이 날

⊃ 나이트클럽은 맨 위층입니까?

夜总会在最高层吗?

예 중 후이 짜이 쭈이 까오 청 마

⊃ 귀중품을 맡아주시겠습니까?

能不能帮我保管贵重物品?

넝 뿌 넝 빵 워 빠오구완꾸이 쭝 우 핀

⊃ 이 호텔의 팸플릿을 주십시오.

请给我这家饭店的小册子。

칭 께이 워 쩌 쟈 판 띠앤 더 싸오 처 즈

⊃ 이 호텔에 바가 있습니까?

这个饭店有酒吧吗?

쩌 거 판 댄 유 지유바 마

⊃ 한국어를 할 줄 아는 사람이 있습니까?

有没有会说韩国语的人?

유 메이 유 후이 쉬 한 궈 위 더 런

호텔 서비스를 이용할 때

룸서비스입니까?

客房服务部吗?

커 팡 푸 우 뿌 마

룸서비스입니다.

这里是饭店服务部。

쩌 리 쓰 판 땐 푸 우 뿌

여기는 1234호실입니다. 커피 두 잔만 부탁합니다.

我是1234号房间。请给我送两杯咖啡。

워 쓰 이얼싼스하오 팡 지앤   칭 께이 워 쑹 량 뻬이 카 페이

아침을 방에서 먹을 수 있을까요?

能不能在房间里吃早餐?

넝 뿌 넝 짜이 팡 지앤 리 츠 짜오 찬

모닝콜을 부탁드립니다.

拜托您明天早晨叫醒一下。

빠이 퉈 닌 밍 티앤 짜오 천 쨔오 씽 이 쌰

➲ 몇 시에 깨워드릴까요?

几点叫醒您好呢?

지 댄 쨔오 씽 닌 하오 너

➲ 시내전화는 어떻게 겁니까?

市内电话怎么打?

쓰 네이 띠앤 화 쩐 머 따

➲ 방청소를 부탁합니다.

请打扫一下我的房间。

칭 따 소오 이 쌰 워 더 팡 지앤

➲ 이 와이셔츠를 다림질해 주세요.

请把这件衬衫熨一下。

칭 빠 쩌 찌앤 천 싼 윈 이 쌰

➲ 드라이클리닝을 해 주세요.

我要干洗。

워 야오 깐 시

➲ 옷을 세탁하고 싶은데, 어느 정도면 될 수 있나요?

我想洗衣服，什么时候能洗好?

워 쌍 시 이 푸　썬 머 스 하우 넝 씨 하오

열쇠를 방에 두고 나왔습니다.

我的钥匙忘在房间里了。

워 더 요우 스 왕 짜이 팡 지앤 리 러

방 열쇠를 잃어버렸습니다.

房间的钥匙丢了。

팡 지앤 더 요우 스 띠유 러

방문이 열리지 않습니다.

我的门打不开。

워 더 먼 따 뿌 카이

에어컨이 들어오지 않는데요.

空调发生了故障。

쿵 탸오 파 썽 러 꾸 짱

텔레비전이 나오지 않습니다.

电视机发生了故障。

띠앤 쓰 지 파 썽 러 꾸 짱

○ 목욕탕에 수건이 없는데요.

浴室里没有毛巾。

위 쓰 리 메이 유 마오 진

○ 비누가 없습니다.

洗手间里没有肥皂。

씨 써우 지앤 리 메이 유 페이 짜오

○ 뜨거운 물이 나오지 않습니다.

房间里没有热水。

팡 지앤 리 메이 유 러 쑤이

○ 전기가 켜지지 않습니다.

电灯不亮。

띠앤 떵 뿌 량

○ 이 방은 너무 춥습니다.

这个房间太冷了。

쩌 거 팡 지앤 타이 렁 러

○ 변기가 막힌 것 같습니다.

洗手间的便器好象被堵了。

씨 써우 지앤 더 삐앤 치 하오 씨앙 뻬이 두 러

● 고쳐줄 수 있습니까?

可以给修理吗?

커 이 께이 씨우 리 마

● 침대시트가 더러우니 갈아주십시오.

床罩不干净, 请给换一下。

추앙 짜오 뿌 깐 찡　칭 께이 환 이 쌰

● 옆방이 시끄러운데 방을 바꾸고 싶습니다.

隔壁噪音很大, 想换个房间。

거 삐 짜오 인 헌 따　쌍 환 거 팡 지앤

● 무슨 불편한 점이라도 있으십니까?

哪儿不方便?

날　뿌 팡 삐앤

● 다른 객실의 소음이 들리는데요.

别的房间噪音很大。

비에 더 팡 지앤 짜오 인 헌 따

● 정말 죄송합니다, 손님. 즉시 고쳐 드리겠습니다.

实在对不起。 马上派人去修理。

스 짜이 뚜이 뿌 치　마 쌍 파이 런 취 씨우 리

➲ 외출했다가 잠시 후에 돌아옵니다.

我出去一趟，一会儿就回来。

워 추 취 이 탕　 이 　휠　 찌유 후이 라이

➲ 저를 찾는 사람이 있으면, 잠시 기다리라고 해 주세요.

如果有人来找我，请让他等一会儿。

루 궈 유 런 라이 짜오 워　 청 랑 타 떵 이 휠

➲ 제게 온 메시지가 있습니까?

有没有我的留言?

유 메이 유 워 더 류 앤

➲ 제게 온 우편물이 있나요?

有没有我的信件?

유 메이 유 워 더 씬 찌앤

➲ 어떤 분이 당신을 찾아왔습니다.

有人找您来了。

유 런 짜오 닌 라이 러

🔁 혹시 한국에서 팩스가 온 것이 없습니까?

有没有从韩国发来的传真?

유 메이 유 충 한 궈 파 라이더 추완 쩐

🔁 한국에 전화를 걸고 싶은데요.

我要往韩国打电话。

워 야오 왕 한 궈 따 띠앤 화

🔁 이 전화로 국제전화를 걸 수 있습니까?

这个电话能打国际电话吗?

쩌 거 띠앤 화 넝 따 궈 찌 띤앤 화 마

🔁 컬렉트콜로 부탁합니다.

要对方付费。

야오뚜이 팡 푸 페이

🔁 수화기를 놓고 기다릴까요?

放下电话等吗?

팡 쌰 띠앤 화 떵 마

🔁 어느 정도 기다려야 합니까?

大概要等多久?

따 까이 야오 떵 둬 지유

➲ 체크아웃을 하려는데요.

现在打算退房。
씨앤 짜이 따 쑤안 투이 팡

➲ 체크아웃을 부탁합니다.

拜托退一下房。
빠이퉈 투이 이 쌰 팡

➲ 체크아웃 시간은 몇 시입니까?

几点可以退房?
지 댄 커 이 투이 팡

➲ 언제 체크아웃하시겠습니까?

您什么时候退房?
닌 썬 머 스 허우 투이 팡

➲ 언제 출발하실 겁니까?

打算几点走?
따 쑤완 지 댄 쩌우

하루 일찍 떠나고 싶습니다.

我要早一天离开。

워 야오 짜오 이 티앤 리 카이

계획을 바꿔 오늘 떠나려고 합니다.

我想改变计划，今天走。

워 쌍 까이 삐앤 찌 화　　찐 티앤 쩌우

알겠습니다. 준비하고 기다리겠습니다.

知道了，我们给您准备一下。

즈 따오 러　　워 먼 께이 닌 쭌 뻬이 이 쌰

이틀 더 머물 수 있습니까?

能再多住两天吗?

넝 짜이 둬 쭈 량 티앤 마

내 짐을 로비로 내려줄 수 있습니까?

帮我把行李拿到走廊可以吗?

빵 워 바 씽 리 나 따오 쩌우 랑 커 이 마

체크아웃을 하겠습니다. 계산해 주십시오.

我想退房，请给我算一下。

워 쌍 투이 팡　　칭 께이 워 쑤안 이 쌰

⤴ 이것은 무슨 비용입니까?

这是什么费用?

쪄 쓰 썬 머 페이융

⤴ 계산에 틀린 것 같습니다.

好象算错了。

하오씨앙 쑤안 춰 러

⤴ 귀중품을 맡긴 것이 있는데요.

有拜托保管的贵重物品。

유 빠이 투어 빠오구완 더 꾸이 쭝 우 핀

⤴ 신용카드로 계산할 수 있습니까?

可以用信用卡结帐吗?

커 이 융 씬 융 카 제 쨩 마

⤴ 다시 오십시오.

请再次光临。

칭 짜이 츠 꾸앙 린

⤴ 그 동안 즐거웠습니다.

这几天过得很愉快。

쪄 지 티앤 꾸어 더 헌 위 콰이

" 대중교통
쉽게 이용하기

길을 물을 때

⟳ 말 좀 물읍시다.

请问。
칭 원

⟳ 실례합니다.

对不起。
뚜이 뿌 치

⟳ 잠시 실례해도 괜찮을까요?

暂时失陪一下可以吗
짠 스 쓰 페이 이 싸 커 이 마

⟳ 길을 좀 가르쳐 주시겠습니까?

可以打听一下路吗?
커 이 따 팅 이 싸 루 마

⟳ 이 거리의 이름이 무엇입니까?

这条路叫什么?
쩌 타오루 짜오 썬 머

88

● 여기가 지금 어디죠?

这是什么地方?

쪄 쓰 썬 머 띠팡

● 북경백화점은 어디로 가야 합니까?

北京百货商店怎么去?

뻬이징 빠이 훠 쌍 띠앤 쩐 머 취

● 여기 어디 가까운 은행이 있습니까?

这儿附近有银行吗?

쩔 푸 찐 유 인 항 마

● 버스로는 갈 수 없나요?

坐汽车不能去吗?

쭈어 치 처 뿌 넝 취 마

● 이 주소로 가려면 어떻게 가야 합니까?

怎么去这个地方?

쩐 머 취 쩌 거 띠 팡

● 이 길은 어디로 이어집니까?

这条路通向哪儿?

쪄 타오 루 퉁 씨앙 날

> 걸어서도 갈 수 있습니까?

可以走着去吗?

커 이 쩌우 저 취 마

> 나를 따라오십시오.

跟我走吧。

껀 워 쩌우 바

> 이 지도로 길을 가르쳐 줄 수 있겠습니까?

用这张地图能告诉我路吗?

융 쩌 쌍 띠 투 넝 까오 쑤 워 루 마

> 자금성은 여기서 멉니까?

紫禁城离这儿远吗?

즈 찐 청 리 쩔 위앤 마

> 한국대사관이 어디에 있습니까?

韩国大使馆在哪儿?

한 궈 따 스 꾸안 짜이 날

> 그곳까지 어느 정도 걸립니까?

到那儿需要多长时间?

따오 날 쒸 야오 둬 창 스 지앤

⊃ 중심가로 가려면 이 길이 맞습니까?

到中心街走这条路对吗?

따오 쭝 씬 지에 쩌우 쩌 타오 루 뚜이 마

⊃ 이 부근에 상점이 있습니까?

这附近有商店吗?

쩌 푸 찐 유 쌍 댄 마

⊃ 이 방향으로 갑니까?

是往这儿走吗?

쓰 왕 쩔 쩌우 마

⊃ 곧장 갑니까?

一直往前走吗?

이 즈 왕 치앤 쩌우 마

⊃ 오른쪽으로 갑니까?

往右拐吗?

왕 유 과이 마

⊃ 걸어서 갈 수 있습니까?

能走着去吗?

넝 쩌우 저 취 마

➲ 잠시 실례해도 괜찮을까요?

暂时失陪一下可以吗？

짠 스 쓰 페이 이 쌰 커 이 마

➲ 길을 잃어버렸는데 여기가 어디죠?

我迷路了。这儿是什么地方？

워 미 루 러   쩔 쓰 썬 머 띠 팡

➲ 많이 지나쳤습니까?

过了很多站吗？

꾸어 러 헌 뒤 짠 마

➲ 지도를 그려 주세요.

请给我画个地图吧。

칭 께이 워 화 거 띠 투 바

➲ 나가는 문이 어디에 있죠?

出口在哪儿？

추 커우 짜이 날

92

여긴 처음이신가요?

这儿是第一次来吗？

쩔 쓰 띠 이 츠 라이 마

길을 잘못 왔습니다.

你走错道了。

워 쩌우 춰 따오 러

이쪽은 반대 방향입니다.

这是相反的方向。

쩌 쓰 샹 판 더 팡 썅

조금 지나쳤으니, 되돌아가세요.

你走过了一点儿，往回走吧。

니 쩌우 꿔 러 이 댈 왕 후이 쩌우 바

길을 안내해 드리겠습니다.

我给你带路吧。

워 께이 니 따이 루 바

저기 파출소에 가서 물어보세요.

你到那个派出所去问问吧。

니 따오 나 거 파이 추 쉬 취 원 원 바

➲ 이 지도로 길을 가르쳐 줄 수 있겠습니까?

能用这张地图告诉我路吗？

능 융 쩌 짱 띠 투 까오 쑤 워 루 마

➲ 반대로 오셨습니다. 다시 오던 길을 돌아가십시오.

你走反了，请往回走吧。

니 저우 판 러   칭 왕 후이 쩌우 바

➲ 지금 제가 있는 위치를 가르쳐 주십시오.

请告诉我现在的位置。

칭 까오 쑤 워 씨앤 짜이 더 워이 즈

➲ 이 길로 가면 어디가 나옵니까?

从这条路走能到什么地方？

충 쩌 타오 루 저우 능 따오 썬머 띠 팡

➲ 제가 안내해 드리겠습니다.

我来给您带路吧。

워 라이 께이 닌 따이 루 바

➲ 저도 이곳이 초행이라 길을 잘 모릅니다. 죄송합니다.

我也是第一次来这儿，所以不知道。对不起。

워 예 쓰 띠 이 츠라이 쩔   쉬 이 뿌 즈 따오   뚜이 뿌 치

03
unit

택시를 탈 때

➲ 택시를 불러 주십시오.

劳驾，给叫辆出租汽车吧。
라오 쨔   께이 짜오량 추 주 치 처 바

➲ 네, 지금 곧 보내 드리겠습니다.

好的，现在马上就到。
하오 더   씨앤 짜이 마 쌍 찌우 따오

➲ 시간이 얼마나 걸릴까요?

需要多长时间?
쒸 야오 둬 창 스 지앤

➲ 공항까지 얼마입니까?

到机场要多少钱?
따오 지 창 야오 둬 쏘우 치앤

➲ 택시 승강장은 어디에 있습니까?

请问，出租车站在哪儿?
칭 원   추 주 처 쨘 짜이 날

95

⊃ 택시를 불렀는데 아직 오지 않는군요.

已经叫了一辆出租，还没有来。

이 찡 쨔오 러 이 량 추 주 하이 메이 유 라이

⊃ 어디까지 모실까요?

先生去什么地方？

씨앤 성 취 썬 머 띠 팡

⊃ 여기를 가려는데 찾아갈 수 있겠습니까?

想去这个地方。可以帮我找一下吗？

쌍 취 쩌 거 띠 팡 커 이 빵 워 짜오 이 쌰 마

⊃ 천단 공원으로 가주세요.

请到天坛公园。

칭 따오 티앤 탄 꿍 왠

⊃ 이 장소까지 부탁합니다.

请开到这个地方。

칭 카이 따오 쩌 거 띠 팡

⊃ 시간이 급한데 빨리 좀 갈 수 있을까요?

时间来不及了，能不能快一点开？

스 찌앤 라이 뿌 지 러 넝 뿌 넝 콰이 이 댄 카이

> 빠른 길로 가주세요.

请往近道走吧。

칭 왕 찐 따오 저우 바

> 저 앞에서 내려 주십시오.

请在前面给停一下。

칭 짜이 치앤 맨 께이 팅 이 쌰

> 예, 됐습니다. 세워 주십시오.

好的，可以了。给停一下。

하오 더 커 이 러 께이 팅 이 쌰

> 요금이 얼마입니까?

多少钱？

둬 쏘우 치앤

> 수고하셨습니다. 잔돈은 필요 없습니다.

费心了。不用找零钱了。

페이 씬 러 뿌 융 짜오 링 치앤 러

> 몇 사람 탈 수 있습니까?

能坐几个人？

넝 쭤 지 거 런

버스를 탈 때

> 버스 정류장은 어디에 있습니까?

请问，公共汽车站在哪儿？

칭 원　　꿍 꿍 치 처 짠 짜이　날

> 이 근처에 버스정류장이 어디 있습니까?

这个附近的汽车站在哪儿？

쩌 거 푸 찐 더 치 처 짠 짜이 날

> 시내로 가는 버스가 있습니까?

有没有到市区的公共汽车？

유 메이 유 따오 쓰 취 더 꿍 꿍 치 처

> 공항버스를 타려고 하는데 정류장이 어디죠?

去机场的汽车站在什么地方？

취 찌 창 더 치 처 짠 짜이썬 머 띠팡

> 이 버스가 북경백화점에 가는 버스 맞습니까?

这个汽车去北京百货店吗？

쩌 거 치 처 취 뻬이 징 빠이 훠 띠앤 마

⊃ 건너편에서 타시면 됩니다.

在对面上车就可以了。

짜이 뚜이 미앤 쌍 처 찌우 커 이 러

⊃ 매표소가 어디에 있습니까?

售票处在哪儿?

써우 표우 추 짜이 날

⊃ 버스 요금이 얼마죠?

汽车票多少钱?

치 처 표우 뒤 쏘우 치앤

⊃ 표 두 장 주세요.

我买两张票。

워 마이 량 쌍 표우

⊃ 승차하세요.

请上车(上车吧)。

칭 쌍 처 쌍 처 바

⊃ 내리세요.

请下车(下车吧)。

칭 싸 처 싸 처 바

➲ 도착하면 알려 주세요.

到了站，请叫我一下。

따오 러 짠　칭 쨔오 워 이 쌰

➲ 잘못 갈아탔는데, 어떻게 하면 좋을까요?

我上错车了。 怎么办?

워 쌍 춰 처 러　쩐 머 빤

➲ 북경호텔은 이미 지났습니까?

北京饭店已经过了吗?

뻬이징 판 땐 이 징 꿔 러 마

➲ 다음 정류장에서 내리십시오.

在下一站下车就可以了。

짜이 쌰 이 짠 쌰 처 찌우 커 이 러

➲ 다 왔습니까? 고맙습니다.

快到了吗? 谢谢。

콰이 따오 러 마　씨에 씨에

➲ 성도로 가는 장거리버스가 있습니까?

有去成都的长途车吗?

유 취 청 두 더 창 투 처 마

⊃ 차비는 얼마입니까?

车费多少钱？

처 페이 둬 쏘우 치앤

⊃ 장거리버스 노선도를 한 장 주세요.

能给我一张长途汽车路线图吗？

넝 께이 워 이 짱 창 투 치 처 루 씨앤 투 마

⊃ 하루에 몇 번 출발합니까?

一天发几趟车？

이 티앤 파 지 탕 처

⊃ 전부 지정석입니까?

全部对号入座吗？

치앤 뿌 뚜이 하오 루 쭤 마

⊃ 몇 시에 출발합니까?

几点出发？

지 댄 추 파

⊃ 제가 버스를 잘못 탔습니다.

我坐错公共汽车了。

워 쭤 춰 꿍 꿍 치 처 러

지하철을 탈 때

▷ 이 부근에 지하철역이 있습니까?

这附近有地铁站吗?

쩌 푸 찐 유 띠 테 짠 마

▷ 어디에서 지하철을 탈 수가 있나요?

在哪儿可以坐地铁?

짜이 날 커 이 쭤 띠 테

▷ 여기에서 가장 가까운 지하철역은 어디에 있습니까?

离这儿最近的地铁站在哪儿?

리 쩔 쭈이 찐 더 띠 테 짠 짜이 날

▷ 이 근처에 지하철역이 어디 있습니까?

这个附近的地铁站在哪儿?

쩌 거 푸 찐 더 띠 티에 짠 짜이 날

▷ 부흥문은 몇 번째 역입니까?

复兴门是第几站?

푸 씽 먼 쓰 띠 지 짠

▶ 천안문에 가려면 어디서 갈아탑니까?

到天安门在哪儿换车?

따오 티앤 안 먼 짜이 날 환 처

▶ 마지막 지하철은 몇 시에 출발합니까?

最后一趟地铁是几点开?

쭈이 허우 이 탕 띠 테 쓰 지 댄 카이

▶ 어디서 표를 삽니까?

在哪儿买票?

짜이 날 마이표우

▶ 지하철 요금이 얼마입니까?

地铁票多少钱一张?

띠 티에 표우 둬 쏘우 치앤 이 짱

▶ 출입구가 어디에 있습니까?

出入口在哪儿?

추 루 커우 짜이 날

▶ 몇 번 출구로 나가야 합니까?

要从几号出入口出去?

야오 충 지 하오 추 루 커우 추 취

기차표 예약과 구입을 할 때

⮕ 북경역을 가려는데 어떻게 가야 합니까?

北京站怎么走？

뻬이 징 짠 쩐 머 저우

⮕ 매표소는 어디에 있습니까?

售票处在哪儿？

써우 표우 추 짜이 날

⮕ 여기서 차표를 예약할 수 있습니까?

这里可以订火车票吗？

쩌 리 커 이 띵 훠 처 표우 마

⮕ 그렇습니다. 어느 것을 예약하시겠습니까?

可以，你要订哪一天的？

커 이   니 야오 띵 나 이 티앤 더

⮕ 천진에 가려면 어떤 차로 가면 좋을까요?

去天津坐哪趟车好？

취 티앤 찐 쭤 나 탕 처 하오

➔ 5일 후의 차표를 오늘 예약할 수 있습니까?

五天以后的票现在可以订吗?

우 티앤 이 허우 더 표우 씨앤 짜이 커 이 띵 마

➔ 특급이 없으면 급행도 좋습니다.

没有特快的话，直快也可以。

메이유 터 콰이 더 화　즈 콰이 예 커 이

➔ 이 용지에 기입해 주십시오.

请你填一下这张表吧。

칭 니 탠 이 샤 쩌 짱 빠오 바

➔ 빨리 예약해두는 게 좋습니다.

还是早点儿预定好。

하이 쓰 짜오 댈 위 띵 하오

➔ 시각표를 주세요.

请给我一张时刻表。

칭 께이 워 이 장 스 커 빠오

➔ 어른 한 장과 어린이 두 장 주세요.

给我一张全票和两张半票。

께이 워 이 짱 치앤 표우 허 량 짱 빤 표우

➡ 내일 서안행 차표가 아직 있습니까?

明天去西安的票还有吗?

밍 티앤 취 시 안 더 표우 하이 유 마

➡ 더 빠른 것은 없나요?

有再早一点儿的没有？

유 자이 짜오 이 댈 더 메이 유

➡ 연길까지 가려는데 침대칸이 있습니까?

有没有到延吉的卧铺票?

유 메이 유 따오 이앤 지 더 워 푸 표우

➡ 장춘까지 가는데 시간이 얼마나 걸리죠?

到长春大概需要多长时间?

따오 창 춘 따 까이 쉬 야오 뒤 창 스 지앤

➡ 열차 안에 식당칸이 있습니까?

火车里有餐厅吗?

훠 처 리 유 찬 팅 마

➡ 외국인은 기차 요금을 더 내야 합니까?

外国人要多付汽车费吗?

와이 궈 런 야오 뒤 푸 치 처 페이 마

⊃ 몇 번 홈에서 발차합니까?

火车从几号站台发车?

훠 처 충 지 하오짠 타이 파 처

⊃ 제 시간에 출발합니까?

准时开车吗?

준 스 카이 처 마

⊃ 첫차(막차)는 몇 시입니까?

首班车（末班车）是几点?

써우 빤 처 （뭐 빤 처） 쓰 지 댄

⊃ 대련행 특급은 어디서 개찰합니까?

去大连的特快在哪儿检票?

취 따 랜 더 터 콰이 짜이 날 지앤 표우

⊃ 이 줄은 상해행 열차를 타는 줄입니까?

这儿排的是去上海的吗?

쩔 파이 더 쓰 취 쌍 하이 더 마

➲ 이 열차는 몇 번 플랫폼에서 탑니까?

这趟车在几号站台?

쩌 탕 처 짜이지 하오 짠 타이

➲ 상해행은 몇 시에 출발합니까?

到上海的车几点开?

따오 쌍 하이 더 처 지 댄 카이

➲ 몇 시에 남경에 도착합니까?

几点到南京?

지 댄 따오 난 징

➲ 8시에 도착할 예정이지만, 조금 늦을 것 같습니다.

应该八点，但是晚点了。

잉 가이 빠 댄   딴 쓰 완 댄 러

➲ 이 자리는 비었습니까?

这个座位空着吗?

쩌 거 쭤 워이 쿵 저 마

➲ 이 차는 몇 시에 남경에 도착합니까?

这趟车几点钟到南京?

쩌 탕 처 지 댄 중 따오 난 징

➲ 앞으로 몇 시간 후에 종점에 도착합니까?

还有几个小时到终点站?

하이 유 지 거 쌰오스 따오 쭝 댄 짠

➲ 승무원, 지금 어디를 지나고 있습니까?

列车员同志，现在经过的是什么地方?

리에 처 왠 퉁 즈   씨앤 짜이 징 꿔 더 쓰 썬 머 띠 팡

➲ 여기서 도중에 하차할 수 있나요?

在这儿可以中途下车吗?

짜이 쩔 커 이 쭝 투 싸 처 마

➲ 여기서 얼마나 정차합니까?

火车在这儿要停多长时间?

훠 처 짜이   쩔   야오 팅 뒈 창 스 지앤

➲ 지금 식당차에서 식사할 수 있습니까?

现在可以去餐车吃东西吗?

씨앤 짜이 커 이 취 찬 처 츠 뚱 시 마

➲ 어디까지 가십니까?

你们到哪儿去?

니 먼 따오 날   취

109

⟳ 이 비행기는 직행편입니까?

这趟飞机是直达的吗？

쩌 탕 페이 지 쓰 즈 다 더 마

⟳ 비행기는 몇 시에 출발합니까?

飞机几点起飞？

페이 지 지 댄 치 페이

⟳ 탑승수속을 부탁합니다

我要办理乘机手续。

워 야오 빤 리 청 지 써우 쉬

⟳ 중국민항 903편은 정각에 출발합니까?

CA903次按时起飞吗？

CA지유링싼 츠 안 스 치 페이 마

⟳ 5분 후면 홍콩에 도착합니다.

再过五分钟，就到香港了。

짜이 꿔 우 펀 중   찌유 따오 쌍 강 러

대련으로 가는 배는 어디서 출항합니까?

到大连的船从哪儿开?

따오 따 랜 더 촨 충 날 카이

청도로 가는 배는 몇 시에 출항합니까?

到青岛的船几点开?

따오 칭 도우 더 촨 지 댄 카이

여기서 어느 정도 정박합니까?

在这儿停靠多久?

짜이 쩔 팅 코우 둬 지유

배에 멀미약이 있습니까?

船上有防止晕船的药吗?

촨 쌍 유 팡 즈 윈 촨 더 요우 마

이 배는 몇 시에 도착합니까?

这条船什么时候到?

쩌 타오 촨 썬 머 스 허우 따오

지금 출항합니까?

现在船要出发了吗?

씨앤 짜이 촨 야오 추 항 러 마

PART 4

66 식당에서
요리 즐기기

⊃ 배고프시죠?

你饿了吧。
니 어 러 바

⊃ 배가 많이 고픕니다. 어디 가서 식사합시다.

肚子太饿了。找个地方去吃饭吧。
뚜 즈 타이 어 러   짜오 거 띠 팡 취 츠 판 바

⊃ 아침식사 하셨어요?

你吃早饭了吗?
니 츠 짜오 판 러 마

⊃ 먹었습니다.

吃过了。
츠 꿔 러

⊃ 아직 먹지 않았습니다.

还没吃。
하이 메이 츠

114

▶ 무엇을 드시고 싶으세요?

您想吃点什么?

닌 쌍 츠 댄 썬 머

▶ 아무거나 다 좋습니다.

什么都可以。

썬 머 떠우 커 이

▶ 무슨 요리를 좋아하세요?

你喜欢吃什么菜?

니 시 환 츠 썬 머 차이

▶ 광동요리를 먹고 싶습니다.

我想吃广东菜。

워 쌍 츠 광 뚱 차이

▶ 싸고도 맛있는 곳이 어디입니까?

哪儿既便宜又好吃?

날 찌 팬 이 유 하오 츠

▶ 좀 싼 식당이 가장 좋습니다.

最好是便宜一点的餐厅。

쮀이하오 쓰 팬 이 이 댄 더 찬 팅

有北京传统风味儿的餐馆吗?

유 뻬이 징 촨 통 펑 월 더 찬 관 마

🔁 예, 값도 싸고 요리를 잘하는 집이 있습니다.

有。有一家餐馆，菜又好吃又便宜。

유 유 이 쟈 찬 관 차이 유 하오 츠 유 팬 이

🔁 이 부근에 한국식당이 있습니까?

这附近有韩国餐厅吗?

쩌 푸 찐 유 한 궈 찬 팅 마

🔁 지금 열려 있는 식당이 있습니까?

有没有正在营业的餐厅?

유 메이 유 쩡 짜이 잉 예 더 찬 팅

🔁 간단히 국수 종류로 할까요?

简单地吃点面条怎么样?

찌앤 단 더 츠 댄 미앤 타오 쩐 머 양

🔁 만두 전문점이 어디에 있습니까?

饺子专卖店在哪儿?

쨔오 즈 쭈안 마이 띠앤 짜이 날

식당을 예약할 때

> 그곳에 예약할 수 있습니까?

你们那儿能预定吗？
니 먼 날 넝 위 띵 마

> 언제지요? 몇 분이십니까?

什么时候？ 几个人？
썬 머 수 허우　지 거 런

> 예약이 필요합니까?

需要预约吗？
쒸 야오 위 위에 마

> 예약을 하겠습니다.

我想预约。
워 썅 위 위에

> 여기서 예약할 수 있습니까?

这儿能预订吗？
쩔 넝 위 띵 마

117

⊃ 여보세요, 상해 식당입니까?

喂，是上海餐厅吗？

워이 쓰 쌍 하이 찬 팅 마

⊃ 7시 30분에 5인분 좌석을 예약하고 싶은데요.

我想订个位子，七点半五个人。

워 쌍 띵 거 워이 즈 치 댄 빤 우 거 런

⊃ 한 자리로 만들어 주십시오.

请把我们凑在一起吧。

칭 바 워 먼 처우 짜이 이 치 바

⊃ 몇 시면 자리를 잡을 수 있겠습니까?

到几点可以订位子？

따오 지 댄 커 이 띵 워이 즈

⊃ 어떻게 찾아가야 합니까?

怎么走呢？

쩐 머 쩌우 너

⊃ 몇 시까지 영업을 합니까?

开到几点？

카이 따오 지 댄

➲ 늦게나 자리가 생길 것 같은데요.

晚一点可能有空位。

완 이 댄 커 넝 유 쿵 위이

➲ 얼마나 기다리면 됩니까?

要等多长时间呢？

야오 떵 두어 창 스 지앤 너

➲ 어떤 자리로 예약해 드릴까요?

您想预订哪个位置？

닌 샹 위 띵 나 거 워이 즈

➲ 전망이 좋은 자리로 부탁드립니다.

拜托给安排一下景色好的座位。

빠이 투어 께이 안 파이 이 쌰 찡 써 하오 더 쭈어 워이

➲ 성함이 어떻게 되시죠?

您贵姓？

닌 꾸이 씽

➲ 죄송합니다만, 예약을 취소하고 싶습니다.

对不起，我想取消预约。

뚜이 뿌 치　　워 샹 취 싸오 위 위에

🔊 어서 오십시오. 몇 분이십니까?

欢迎光临！是几位？

환 잉 꾸앙 린　　쓰 지 워이

🔊 두 사람인데요. 좌석이 있습니까?

我们两个人。有座吗？

워 먼 량 거 런　　유 쭤 마

🔊 이입니다. 예약해 두었는데요.

我姓李，已经预订好了。

워 싱 리　　이 징 위 띵 하오 러

🔊 안내해 드릴 테니, 잠깐만 기다려 주십시오.

我们会给您安排的，请稍等。

워 먼 후이 께이 닌 안 파이 더　　칭 싸오 떵

🔊 어서 오십시오. 두 분이십니까?

欢迎光临！是两位吗？

환 잉 꾸앙 린　　쓰 량 워이 마

120

○ 예약을 하지 않았는데, 빈자리가 있습니까?

我们没有预约, 有空位吗?
워 먼 메이 유 위 위에   유 쿵 워이 마

○ 안녕하십니까? 두 사람 앉을 자리가 있을까요?

您好! 有两个人的座位吗?
닌 하오   유 량 거 런 더 쭈어 워이 마

○ 네, 이리 오십시오.

有, 请跟我来。
유   칭 컨 워 라이

○ 얼마나 기다려야 할까요?

要等多长时间?
야오 떵 뒤 창 스 지앤

○ 그 정도면 기다릴 수 있습니다.

那我们就可以等了。
나 워 먼 찌우 커 이 떵 러

○ 어느 정도 기다리면 자리가 날까요?

什么时候能等到座位?
썬 머 스 허우 넝 떵 따오 쭤 워이

조금 후에 3명이 더 옵니다.

还有三个人一会儿来。

하이 유 싼 거 런 이 휠 라이

점심은 몇 시부터입니까?

午饭几点开始？

우 판 지 댄 카이 스

저녁은 몇 시부터입니까?

晚饭几点开始？

완 판 지 댄 카이 스

창가 자리로 부탁합니다.

我想要靠窗户的地方。

워 쌍 야오 카오 촹 후 더 띠 팡

이 자리는 비어 있습니까?

这位子没人坐吗？

쩌 워이 즈 메이 런 쭤 마

지금 점심을 먹을 수 있습니까?

现在能吃午饭吗？

씨앤 짜이 넝 치 워 판 마

음식 메뉴를 보면서

무엇을 드릴까요?

您需要什么?

닌 쒸 야오 썬 머

메뉴판을 보고 싶은데요.

想看一下菜单。

쌍 칸 이 쌰차이 딴

한국말로 된 메뉴판은 없습니까?

没有用韩国语写的菜单吗?

메이 유 융 한 궈 위 씨에 더 차이 딴 마

음식을 주문하시겠습니까?

你们点菜了吗?

니 먼 댄 차이러 러 마

잠깐만요. 메뉴를 갖다 주세요.

还没有呢。给我们菜单吧。

하이 메이 유 너   께이 워 먼 차이 딴 바

⊃ 가장 빨리 될 수 있는 요리는 뭐가 있습니까?

哪道菜做得最快？

나 따오 차이 쭈어 더 쭈이 콰이

⊃ 오늘의 특별메뉴가 뭐죠?

今天有什么特别的菜？

찐티앤 유 썬 머 터 비에 더 자이

⊃ 이 집의 정식을 부탁합니다.

我们想点这家饭店的定食。

워 먼 샹 댄 쩌 쟈 판 띠앤 더 띵 스

⊃ 이 식당의 명물요리는 뭡니까?

这里最拿手的菜是什么？

쩌 리 쭈이 나 써우 더 차이 쓰 썬 머

⊃ 여기에 있는 것이 메뉴의 전부입니까?

菜单上就这些菜吗？

차이 딴 쌍 찌우 쩌 씨에 차이 마

⊃ 이 음식은 어떤 것인지 설명해 주시겠습니까?

能不能说明一下这个菜的特点？

넝 뿌 넝 쒀 밍 이 쌰 쩌 거 차이 더 터 댄

이것은 어떻게 먹는 것입니까?

这个怎么个吃法?

쩌 거 쩐 머 거 츠 파

이건 무슨 요리죠?

这是什么菜?

쩌 쓰 썬 머 차이

이것과 이것의 다른 점은 무엇이죠?

这个菜和那个菜有什么差别?

쩌 거 차이 허 나 거 차이 유 썬 머 차 비에

이것은 무엇으로 만든 요리입니까?

这是什么东西做的?

쩌 쓰 썬 머 뚱 시 쮀 더

이 요리를 시키면 몇 사람이 먹을 수 있습니까?

如果点这个菜够几个人吃?

루 궈 댄 쩌 거 차이꺼우 지 거 런 츠

채소로 된 음식 종류를 알려 주십시오.

请告诉我哪些菜是蔬菜。

칭 까오 쑤 워 나 씨에 차이 쓰 쑤 차이

여기 주문을 받아 주십시오.

这儿要点菜。

쩔 야오 댄 차이

저 사람과 똑같은 것을 주세요.

我要和他一样的。

워 야오 허 타 이 양 더

이것과 이걸로 하겠습니다.

要点一样的。

야오 댄 이 양 더

저도 같은 걸로 주십시오.

我也要点一样的。

워 예 야오 댄 이 양 더

음식이 나오기 전에 뭐 좀 마시겠습니까?

上菜之前想喝点什么?

쌍 차이 즈 치앤 쌍 허 댄 썬 머

➡ 맥주 두 병만 먼저 주십시오.

先来两瓶啤酒吧。
씨앤라이 량 핑 피 지우 바

➡ 추천 요리는 무엇입니까?

您推荐的菜是什么？
닌 투이 찌앤 더 차이 쓰 썬 머

➡ 저것과 같은 요리가 될까요?

可以订一份跟那道菜一样的吗？
커 이 띵 이 펀 껀 나 따오 차이 이 양 더 마

➡ 맵지 않게 해주십시오.

请不要做得太辣。
칭 뿌 야오 쭈어 더 타이 라

➡ 맛있는 생선요리가 됩니까?

有可口的鲜鱼类吗？
유 커 커우 더 씨앤 위 레이 마

➡ 고기는 전부 익혀주십시오.

肉类都要熟的。
러우 레이 더우 야오 써우 더

차와 술을 마실 때

무슨 차를 드시겠습니까?

你要喝什么茶?
니 야오 허 썬 머 차

차 한 잔 타 주세요.

请你给我沏杯茶。
칭 니 께이 워 치 뻬이 차

찻잔보다 이 차가 더 향기롭습니다.

和漂亮的茶杯比起来，茶更香。
허 표우 량 더 차 뻬이 비 치 라 이　차 껑 쌍

향기가 아주 좋군요. 무슨 차입니까?

太香了，这是什么茶呀？
타이 쌍 러　저 쓰 썬 머 차 야

중국 전통차입니다.

中国传统茶。
쭝 궈 촨 퉁 차

➡️ 무슨 술을 드시겠습니까?

喝什么酒？

허 썬 머 지유

➡️ 저는 술을 못합니다. 술을 마시면 술기가 얼굴에 오릅니다.

我不会喝，一喝就上脸。

워 뿌 후이 허   이 허 찌유 쌍 리앤

➡️ 맥주 한 병 주세요.

给我一瓶啤酒。

께이 워 이 핑 피 지유

➡️ 건배!

干杯！

깐 뻬이

➡️ 우리 한 잔 합시다.

我们干一杯。

워 먼 깐 이 뻬이

➡️ 제가 한 잔 드리겠습니다.

我敬您一杯。

워 찡 닌 이 뻬이

요리가 아직 나오지 않았습니다.

菜 还 没 到 呢。

차이 하이 메이 따오 너

여보세요. 교자가 아직 안 나왔는데요.

同志，饺子还没来呢。

퉁 쯔　　 쨔오 즈 하이 메이 라이 너

이것은 내가 주문한 것이 아닙니다.

这不是我订的菜。

쩌 뿌쓰 워 띵 더 차이

좀 빨리 주세요.

请快点儿。

칭 콰이 댈

튀김국수를 아까 부탁했는데요.

我早就叫了炒面。

워 짜우 찌유 쨔오 러 차오 맨

130

○ 얼마나 더 기다려야 합니까?

还要等多长时间？

하이 야오 떵 둬 창 스 지앤

○ 시간이 없습니다. 취소할 수 있습니까?

我没时间了，能退吗？

워 메이 스 지앤 러　 넝 투이 마

○ 생선요리가 아니라 고기요리를 부탁했습니다.

我们要的是肉不是鱼。

워 먼 야오 더 쓰 러우 뿌 쓰 위

○ 음식 맛이 이상합니다.

这个菜的味道有点怪。

쩌 거 차이 더 워이 따오 유 댄 꽈이

○ 음식이 상했습니다.

菜已经变味了。

차이 이 찡 삐앤 워이 러

○ 음식에 머리카락이 들어갔습니다. 바꿔 주세요.

菜里有头发，请给换一下。

차이 리 유 터우 화　 칭 께이 환 이 쌰

➡ 자 드시지요.

请吃吧。

칭 츠 바

➡ 먹는 법을 가르쳐 주세요.

请告诉我怎么吃。

칭 꼬우 쑤 워 쩐 머 츠

➡ 좀더 드시겠습니까?

再吃一点儿好吗?

짜이 츠 이 댈 하오 마

➡ 젓가락을 좀 갖다 주세요.

请给我拿双筷子。

칭 께이 워 나 쌍 콰이 즈

➡ 이거 정말 진수성찬이군요.

这太丰盛了。

쩌 타이 펑 썽 러

➲ 편하게 드십시오.

请随便用。

칭 쑤이 삐앤 융

➲ 사양 말고 많이 드십시오.

别客气，多吃点儿。

비에 커 치   뒤 츠   댈

➲ 이 음식은 이름이 무엇입니까?

这道菜叫什么？

쩌 따오 차이 쨔오 썬 머

➲ 물 한 잔 주십시오.

请给我一杯水。

칭 께이 워 이 뻬이 쑤이

➲ 빵을 좀더 주시겠습니까?

能不能再给一点面包？

넝 뿌 넝 짜이 께이 이 댄 미앤 빠오

➲ 디저트는 뭐가 있습니까?

有什么样的餐后点心？

유 썬 머 양 더 찬 허우 댄 씬

맛을 표현할 때

➔ 맛이 어떻습니까?

味道怎么样?
워이 따오 쩐 머 양

➔ 정말 맛있습니다.

真不错。
쩐 뿌 춰

➔ 맛이 없습니다.

不好吃。
뿌 하오 츠

➔ 이 요리 좀 맛보세요.

请尝尝这道菜。
칭 창 창 쩌 따오 차이

➔ 제 입에는 좀 짜군요.

我觉得有点咸。
워 줴 더 유 댄 시앤

🔁 당신 입맛에 맞지 않을까 걱정입니다.

我怕不合您的胃口。

워 파 뿌 허 니 더 웨이 커우

🔁 너무 맵습니다.

太辣了。

타이 라 러

🔁 이 음식은 기름기가 너무 많군요.

这个菜非常油腻。

쩌 거 차이 페이 창 유 니

🔁 고기가 너무 질기군요.

这个肉太老。

쩌 거 러우 타이 라오

🔁 맛이 너무 달아요.

这个菜太甜了。

쩌 거 차이 타이 티앤 러

🔁 음식이 너무 짜서 먹기가 힘듭니다.

这个菜太咸，很难吃。

쩌 거 차이 타이 씨앤 헌 난 츠

⊃ 음식이 너무 싱거우니 소금을 좀 부탁합니다.

这个菜太淡，拜托给一点盐。

쩌 거 차이 타이 딴   빠이 퉈 게이 이 댄 앤

⊃ 음식이 담백해서 아주 좋습니다.

这个菜清淡好吃。

쩌 거 차이 칭 딴 하오 츠

⊃ 보기보다 맛이 아주 좋습니다.

看着不怎么样，吃起来倒很有味道。

칸 저 뿌 쩐 머 양   츠 치 라이 따오 헌 유 워이 따오

⊃ 음식 냄새가 아주 좋은데요.

饮食的味道非常好。

인 스 더 워이 따오 페이 창 하오

⊃ 음식 색깔이 아주 좋습니다.

饮食的颜色非常好看。

인 스 더 이앤 써 페이 창 하오 칸

⊃ 음식이 너무 매워서 먹기가 힘듭니다.

这个菜很辣，吃起来费劲。

쩌 거 차이 헌 라   츠 치 라이 페이 찐

▷ 좀더 드시겠습니까?

再吃点儿吧。

짜이 츠 댈 바

▷ 많이 먹었습니다.

我吃好了。

워 츠 하오 러

▷ 저는 이미 배가 부릅니다.

我已经吃饱了。

워 이 징 츠 빠오 러

▷ 더 이상 못 마시겠습니다.

我不能再喝了。

워 뿌 넝 짜이 허 러

▷ 밥도 이미 충분히 먹었습니다.

饭也吃好了。

판 예 츠 하오 러

⊃ 오늘 대단한 접대였어요.

今天太丰盛了。

찐 티앤 타이 펑 썽 러

⊃ 테이블 좀 치워 주십시오.

请收拾一下桌子。

칭 써우 쓰 이 쌰 쮀 즈

⊃ 이 그릇 좀 치워 주십시오.

请收拾一下碗筷。

칭 써우 쓰 이 쌰 완 콰이

⊃ 맛있게 드셨습니까?

吃得可口吗?

츠 더 커 커우 마

⊃ 아주 맛있게 먹었습니다.

吃得非常可口。

츠 더 페이 창 커 커우

⊃ 더 시킬 게 없습니다.

不用再订了。

뿌 융 짜이 띵 러

식사비를 계산할 때

➡ 어디서 계산을 하죠?

在哪儿付钱?
짜이 날 푸 콴

➡ 저쪽 카운터에서 지불하십시오.

请到那个柜台付。
칭 따오 나 거 꾸이 타이 푸

➡ 계산을 부탁합니다, 얼마입니까?

请算帐吧，多少钱?
칭 쏸 장 바   뒤 쏘우 치앤

➡ 따로따로 계산해 주세요.

请给我们分开算。
칭 께이 워 먼 펀 카이 쏸

➡ 모두 얼마입니까?

总共多少钱?
쭝 꿍 뒤 쏘우 치앤

⊃ 계산은 제가 하겠습니다.

我来结帐吧。

워 라이 제 짱 바

⊃ 계산서를 주십시오.

请把帐单给我。

칭 바 짱 딴 께이 워

⊃ 오늘은 제가 계산할 테니 다음에 내십시오.

今天我来结帐，下次你再结算。

찐 티앤 워 라이 제 짱   쌰 츠 니 짜이 제 쑤안

⊃ 오늘 계산은 각자 나눠서 합시다.

今天我们各付各的吧。

찐 티앤 워 먼 꺼 푸 꺼 더 바

⊃ 이 요금은 봉사료도 포함된 것입니까?

这个费用里包括服务费吗?

쩌 거 페이 융 리 빠오 쿼 푸 우 페이 마

⊃ 계산이 틀린 것 같은데요.

这个帐好象不对。

쩌 거 짱 하오 썅 뿌 뚜이

140

➡ 신용카드를 사용할 수 있습니까?

能用信用卡吗？

넝 융 씬 융 카 마

➡ 영수증을 주세요.

请开张发票。

칭 카이 짱 파 표우

➡ 거스름돈이 틀립니다.

您找错钱了。

니 짜오 춰 치앤 러

➡ 아주 잘 먹고 갑니다. 안녕히 계십시오.

吃得非常可口。再见！

츠 더 페이 창 커 커우　짜이 찌앤

➡ 오늘 아주 맛있게 잘 먹었습니다.

今天这顿饭吃得非常可口。

찐 티앤 쩌 뚠 판 츠 더 페이 창 커 커우

➡ 다음에 제가 대접을 하겠습니다.

下次我来请你。

싸 츠 워 라이 칭 니

**❝ 현지에서
관광 즐기기**

관광안내소에서

▶ 관광안내소는 어디에 있습니까?

观光服务台在哪儿?

꽌 꾸앙 푸 우 타이 짜이 날

▶ 이 도시의 관광안내 팸플릿이 있습니까?

有没有这个城市的旅游地图?

유 메이 유 쩌 거 청 쓰 더 뤼 여우 띠 투

▶ 시내 지도가 있습니까?

有市内地图吗?

유 쓰 네이 띠 투 마

▶ 이 도시의 주요 관광 명소가 어디입니까?

这个城市的主要观光地区在哪儿?

쩌 거 청 쓰 더 주 야오 꽌 꾸앙 띠 취 짜이 날

▶ 그곳을 어떻게 하면 잘 구경할 수 있죠?

怎么样才能好好观光一下呢?

쩐 머 양 차이 넝 하오 하오 꽌 꾸앙 이 쌰 너

북경에서 가볼 만한 곳을 소개해 주십시오.

请给我介绍一下北京的名胜古迹。

칭 께이 워 찌에 싸오 이 쌰 뻬이 징 더 밍 썽 구 찌

북경의 명승고적을 구경하고 싶습니다.

我想逛逛北京的名胜古迹。

워 썅 꽝꽝 뻬이 징 더 밍 썽 구 찌

시내 관광을 하고 싶은데요.

打算观光一下市内。

따 쑤안 꽌 꾸앙 이 쌰 쓰 네이

시내 공원을 산책하고 싶습니다.

打算去公园散步。

따 쑤안 취 꿍 위앤 싼 뿌

만리장성을 가는 방법을 알려 주십시오.

请告诉一下去长城的办法。

칭 까오 쑤 이 쌰 취 창 청 더 빤 파

천안문광장을 가보고 싶습니다.

想去看一下天安门广场。

썅 취 칸 이 쌰 티앤 안 먼 꾸앙 창

⤴ 이 부근에 관광여행사가 있습니까?

这个附近有旅行社吗?

쩌거 푸찐 유 뤼 씽써 마

⤴ 관광차 있습니까?

有游览车吗?

유 유 란 처 마

⤴ 택시를 타고 시내 관광을 하고 싶습니다.

想坐出租车游览一下市内。

쌍쭈어 추 주 처 유 란 이 쌰 쓰 네

⤴ 하루 만에 돌아볼 수 있는 관광 코스를 알려 주십시오.

请给我介绍一下 "一日游" 旅游路线。

칭 께이 워 찌에 싸오 이 쌰 "이 르 여우" 뤼 여우 루 씨앤

⤴ 반 나절짜리 관광 코스가 있습니까?

有没有 "半天游" 旅游路线?

유 메이 유 "빤 티앤 여우" 뤼 여우 루 씨앤

哪条路线最热门?

나 타오 루 씨앤 쭈이 러 먼

景色最佳的旅游路线是哪条?

찡 써 쭈이 지아 더 뤼 여우 루 씨앤쓰 나 탸오

要自带午餐吗?

아오 쯔 따이 우 찬 마

旅游途中可以买免税品吗?

뤼 여우 투 중 커 이 마이 미앤 쑤이 핀 마

有夜间旅游路线吗?

유 예 찌앤 뤼 여우루 씨앤 마

观光时时间充足吗?

꽌 꾸앙 스 스 지앤 충 주 마

◯ 한국어 안내원이 있나요?

有会韩国语的导游吗？

유후이 한 궈 위 더 따오 유 마

◯ 언제, 어디서 출발합니까?

什么时候，从哪儿出发？

썬 머 스 허우 충 날 추 파

◯ 몇 시간 걸립니까?

要用多少时间？

야오 융 둬 쏘우 스 지앤

◯ 몇 시에 돌아오나요?

几点回来？

지 댄 후이 라이

◯ 이곳은 치안이 안전합니까?

那个地方的治安怎么样？

나 거 띠 팡 더 쯔 안 쩐 머 양

◯ 관광버스는 어디서 탑니까?

在哪儿坐旅游客车？

짜이 날 쭤 뤼유 커 처

▷ 입장료는 얼마입니까?

门票是多少钱?
먼 표우 쓰 둬 쏘우 치앤

▷ 외국인표를 한 장 주세요.

给我一张外宾票。
께이 워 이 짱 와이 삔 표우

▷ 몇 시에 문을 엽니까?

几点开门?
지 댄 카이 먼

▷ 언제 문을 닫습니까?

几点闭馆?
지 댄 삐 관

▷ 관내에 안내원이 있습니까?

馆内有讲解员吗?
관 네이 유 쟝 지애 왠 마

⊃ 안으로 들어가도 됩니까?

我可以进去吗?
워 커 이 찐 취 마

⊃ 저 사원의 이름은 무엇입니까?

那个寺院叫什么?
나 거 쓰 왠 짜오 썬 머

⊃ 어느 왕조의 것입니까?

是什么朝代的?
쓰 썬 머 차오 따이 더

⊃ 풍경이 매우 아름답습니다.

风景真美!
펑 징 쩐 메이

⊃ 재미있습니다.

很有意思。
헌 유 이 쓰

⊃ 지금부터 자유롭게 관람을 하시기 바랍니다.

从现在开始可以自由活动了。
충 씨앤 짜이 카이 스 커 이 쯔 여우 훠 뚱 러

▶ 한 시간 동안 자유시간을 드리겠습니다.

给你们一个小时的自由活动时间。

께이 니 먼 이 거 싸오 스 더 쯔 여우 훠 뚱 스 지앤

▶ 그 동안 자유롭게 행동해도 됩니까?

在这一段时间里可以自由活动吗？

짜이 쩌 이 뚜안 스 지앤 리 커 이 쯔 여우 훠 뚱 마

▶ 저것은 무엇입니까?

那是什么？

나 쓰 썬 머

▶ 높이가 얼마나 되죠?

有多高？

유 뒤 까오

▶ 길이는 얼마나 됩니까?

有多长？

유 뒤 창

▶ 얼마나 오래 된 겁니까?

有多久了？

유 뒤 지우 러

⊃ 저 건물의 이름은 무엇입니까?

那个建筑物的名称是什么?

나 거 찌앤 쭈 우 더 밍 청 쓰 썬 머

⊃ 매점은 어디에 있습니까?

请问，小卖部在哪儿?

칭 원　 쌰오 마이 뿌 짜이 날

⊃ 공중화장실은 어디에 있습니까?

请问，共用厕所在哪儿?

칭 원　 꿍 융 처 쉬 짜이 날

⊃ 화장실에 다녀와도 됩니까?

可以去洗手间吗?

커 이 취 씨 써우 지앤 마

⊃ 몇 시까지 버스에 돌아와야 합니까?

得几点返回到车里?

더 지 댄 판 후이 따오 처 리

⊃ 손님 여러분, 이것으로 오늘 코스를 모두 보셨습니다.

旅客们, 今天的旅游到此结束。

뤼 커 먼 찐 티앤 더 뤼 여우 따오 츠 지에 쑤

⊃ 안내해 주셔서 정말 감사합니다.

对您的服务深表谢意。

뚜이 닌 더 푸 우 썬 빠오 씨에 이

⊃ 덕분에 즐거운 여행이 되었습니다.

托您的福玩儿得很高兴。

퉈 닌 더 푸 왈 더 헌 까오씽

⊃ 계림은 경치가 아름다운 곳입니다.

桂林是风景优美的地方。

구이 링 씨 펑 징 여우 메이 더 띠 팡

⊃ 장강은 중국에서 가장 큰 강입니다.

长江是中国最大的地方。

창 지앙 씨 쫑 궈 쭈이 따 더 띠 팡

⊃ 이 불상은 어느 시대의 것입니까?

这佛像是什么时代的?

쩌 포 씨앙씨 썬 머 씨 다이 더

⊃ 이것은 누구의 그림입니까?

这是谁的画?

쩌 씨 쑤이 더 후아

사진을 찍을 때

➲ 사진 찍을 시간은 충분합니까?

有足夠的时间照相吗?

유 주 꺼우 더 스 지앤 짜오 씨앙 마

➲ 여기서 사진을 찍어도 괜찮습니까?

在这儿可以照像吗?

짜이 쩔 커 이 짜오 썅 마

➲ 안 됩니다. 이곳은 촬영금지 구역입니다.

不行, 这个地方是禁止摄影地区。

뿌 씽 쩌 거 띠팡 쓰 찐 즈 써 잉 띠 취

➲ 촬영은 이쪽에서만 허용이 됩니다.

只允许在这边拍摄。

즈 윈 쉬 짜이 쩌 삐앤 파이 써

➲ 죄송합니다만, 셔터 한번만 눌러주시겠습니까?

对不起, 给我们照一张相好吗?

뚜이 뿌 치 께이 워 먼 짜오 이 짱 씨앙 하오 마

> 사진 한 장만 찍어 주시겠습니까?

能不能给照一张像？

넝 뿌 넝 께이 짜오 이 쌍 썅

> 자동카메라니까 그냥 셔터만 눌러주시면 됩니다.

这是自动相机。按一下就可以了。

쩌 쓰 쯔 뚱 썅 지　안 이 쌰 찌우 커 이 러

> 당신을 찍어도 됩니까?

我可以照你吗？

워 커 이 짜오 니 마

> 비디오를 찍어도 됩니까?

可以录像吗？

커 이 루 썅 마

> 셔터를 눌러 주시겠습니까?

给我们按一下快门儿好吗？

께이 워 먼 안 이 쌰 콰이　멀　하오 마

> 좋습니다. 움직이지 마세요. 찍습니다.

好。别动。照了啊！

하오　비에 뚱　짜오 러 아

함께 사진을 찍어도 좋을까요?

我们一块儿照相. 好吗?

워 먼 이 콸 짜오 썅 하오 마

플래시를 터뜨려도 괜찮습니까?

可以开一下闪光灯吗?

커 이 카이 이 쌰 싼 꾸앙 떵 마

이것을 맡기면 언제 찾을 수 있습니까?

这些胶卷什么时候来取?

쩌 씨에 쨔오 쥐앤 썬 머 스 허우 라이 취

기본 사이즈로 한 장씩만 뽑아 주십시오.

请给衝洗一下一般照片。

칭 께이 충 씨 이 쌰 이 빤 쨔오 팬

필름 한 통을 현상하는 데 얼마죠?

洗一个胶卷多少钱?

씨 이 거 쨔오 쥐앤 둬 쏘우 치앤

인화해 주십시오.

请给衝洗一下。

칭 께이 충 씨 이 쌰

PART 6

“ 오락과
스포츠 즐기기

영화를 관람할 때

○ 중국영화를 보고 싶습니다.

想看中国影片。

쌍 칸 쭝 궈 잉 피앤

○ 요즘 화제가 되는 영화는 무엇입니까?

最近引起话题的影片是什么?

쭈이 찐 인 치 화 티 더 잉 피앤 쓰 썬 머

○ 영화를 보려면 예약을 해야 됩니까?

看电影需要预约吗?

칸 띠앤 잉 쉬 야오 위 위에 마

○ 요즘 어떤 영화가 상영되고 있나요?

这几天演什么电影?

쩌 지 티앤 앤 썬 머 띠앤잉

○ 요즘 한국영화가 상영되고 있습니다.

这几天有一部韩国电影。

쩌 지 티앤 유 이 뿌 한 궈 띠앤 잉

⊃ 중국영화를 보고 싶습니다.

我想看中国电影。

워 썅 칸 쭝 궈 띠앤 잉

⊃ 홍콩에서 제작된 영화도 많습니다.

也有很多香港制作的影片。

예 유 헌 둬 썅 깡 쯔 쭈어 더 잉 피앤

⊃ 중국 본토에서 제작된 영화를 보고 싶습니다.

想看中国大陆制作的影片。

썅 칸 쭝 궈 따 루 쯔 쭈어 더 잉 피앤

⊃ 전통 무술영화를 보고 싶습니다.

想看传统武打片。

썅 칸 추안 퉁 우 다 피앤

⊃ 가장 유명한 배우는 누구입니까?

最著名的演员是谁?

쭈이 쭈 밍 더 이앤 위앤 쓰 쎄이

⊃ 누가 나옵니까?

有哪些演员?

유 나 시에 앤 왠

⊃ 그건 몇 시에 시작합니까?

几点开始?
지 댄 카이스

⊃ 지금 표를 구할 수 있나요?

现在能买到票吗?
씨앤 짜이 넝 마이 따오 표우 마

⊃ 어떤 영화를 좋아하세요?

你喜欢什么样的电影?
니 씨환 썬 머 양 더 띠앤잉

⊃ 어느 배우를 좋아합니까?

你喜欢哪个演员?
니 씨 환 나 거 앤 왠

⊃ 어느 감독을 좋아합니까?

你喜欢哪个导演?
니 씨 환 나 거 따오 앤

⊃ 영화를 보려면 예약을 해야 됩니까?

看电影需要预约吗?
칸 띠앤 잉 쒸 야오 위 위에 마

연극·전통극을 관람할 때

▷ 공연물을 안내하는 정보지가 있습니까?

有没有介绍表演项目的报纸？

유 메이 유 찌에 싸오 뺘오 이앤 씨앙 무 더 빠오 즈

▷ 중국의 전통 가극을 보고 싶습니다.

想看中国的传统歌剧。

쌍 칸 쭝 궈 더 추안 퉁 꺼 쮜

▷ 뮤지컬을 보고 싶습니다.

想看音乐喜剧。

쌍 칸 인 위에 씨 쮜

▷ 오페라는 어디서 볼 수 있습니까?

在哪儿可以欣赏歌剧？

짜이 날 커 이 씬 쌍 꺼 쮜

▷ 입장료는 얼마나 됩니까?

门票多少钱？

먼 표우 뒤 쏘우 치앤

161

> 표 한 장을 구해줄 수 있습니까?

可以给我弄一张票吗?

커 이 께이 워 눙 이 짱 표우 마

> 저녁 1회 공연은 몇 시에 시작합니까?

晚上第一场演出几点开始?

완 쌍 티 이 창 이앤 추 지 댄 카이 스

> 공연시간은 얼마나 걸립니까?

演出需要多长时间?

이앤 추 쒸 야오뒈 창 스 지앤

> 자리를 예약하고 싶습니다.

想预订座位。

쌍 위 띵 쭈어 워이

> 지금이라도 표를 살 수 있습니까?

现在也可以买票吗?

씨앤 짜이 예 커 이 마이 표우 마

> 오늘 밤 좌석은 있습니까?

今晚有空位吗?

찐 완 유 쿵 워이 마

162

⊃ 인민극장은 어디에 있습니까?

人民剧场在哪儿?

런 민 쮜 창 짜이 날

⊃ 예매권을 살 수 있습니까?

可以买预售票吗?

커 이 마이 위 써우 표우 마

⊃ 경극을 보고 싶습니다.

我要看京剧。

워 야오 칸 징 쮜

⊃ 어디에서 경극표를 팝니까?

在哪儿卖京剧票?

짜이 날 마이 징 쮜 표우

⊃ 오늘 표가 있습니까?

有当天的票吗?

유 땅 티앤 더 표우 마

⊃ 이 경극의 주인공은 누구입니까?

这个戏的主角是谁?

쩌 거 씨 더 주 죠우 쓰 쑤이

> 상해곡예단은 어디에서 공연합니까?

上海杂技团在哪儿演出?

쌍 하이 짜 찌 퇀 짜이 날 앤 추

> 이 공연은 스릴 만점입니다.

这个节目是非常惊险的。

쩌 거 지에 무 쓰 페이 창 징 씨앤 더

> 정말 대단합니다.

真了不起!

쩐 료우 뿌 치

> 이 좌석은 어디쯤에 있습니까?

这个座位在哪儿?

쩌 거 쭈어 워이 짜이 날

> 토요일 오후에도 볼 수 있나요?

星期六下午也可以看吗?

씽 치 리우 쌰 우 예 커 이 칸 마

> 다음 시간에 볼 수 있는 표가 있습니까?

有下一场的票吗?

유 쌰 이 창 더 표우 마

미술관 · 박물관에서

제일 유명한 박물관은 어디입니까?

最有名的博物馆是哪个？

쭈이유밍 더 붜우관 쓰나 거

그야 물론 중국역사박물관입니다.

当然是中国历史博物馆。

땅란 쓰 쭝궈 리스 붜우관

한국어판 팸플릿이 있습니까?

有韩文的小册子吗？

유한원 더 싸오처 즈 마

입장료는 얼마입니까?

门票是多少钱？

먼 표우 쓰 둬 쏘우 치앤

몇 시에 개관합니까?

几点开门？

지 댄 카이 먼

⊃ 몇 시에 폐관합니까?

几点关门?
지 댄 꽌 먼

⊃ 이곳에는 주로 어떤 것이 전시되어 있나요?

这里展示的都有哪些?
쩌 리 짠 쓰 더 떠우 유 나 시에

⊃ 이건 누구 작품입니까?

这是谁的作品?
쩌 쓰 쑤이 더 쭤 핀

⊃ 대표적인 미술관을 소개해 주십시오.

请给我介绍一家代表性的美术馆。
칭 께이 워 찌에 싸오 이 쟈 따이 빠오 씽 더 메이 쑤 관

⊃ 유명한 화가의 그림을 감상하고 싶습니다.

想欣赏一下名畫家的作品。
쌍 씬 쌍 이 쌰 밍 화 쟈 더 쭈어 핀

⊃ 그 전시회 프로그램을 한 장 주십시오.

请给我一张那个展示会的目录表。
칭 께이 워 이 쌍 나 거 짠 쓰 후이 더 무 루 빠오

오락을 즐길 때

○ 이 근처에 디스코텍이 있습니까?

这附近有迪斯克舞厅吗?

쩌 푸 찐 유 디 스 커 우 팅 마

○ 디스코텍에 춤추러 가고 싶습니다.

我想跳迪斯克。

워 썅 탸우 디 스 커

○ 이 근처에 좋은 나이트클럽이 있나요?

这个附近有好的夜总会吗?

쩌 거 푸 찐 유 하오 더 예 중 후이 마

○ 이 호텔에는 가라오케가 있습니까?

这饭店里有卡拉OK吗?

쩌 판 땐 리 유 카 라 오케 마

○ 그 나이트클럽에는 손님이 많습니까?

那个夜总会客人多吗?

나 거 예 중 후이 커 런 둬 마

⊃ 무대에서 쇼를 합니까?

在舞台上演出吗？

짜이 우 타이 쌍 이앤 추 마

⊃ 쇼는 몇 시에 시작을 하죠?

演出几点开始？

이앤 추 지 댄 카이 스

⊃ 쇼는 얼마 동안 합니까?

演多长时间？

이앤 둬 창 스 지앤

⊃ 무대 가까운 곳에서 술을 마실 수 있습니까?

靠舞台的座位上喝酒可以吗？

카오 우 타이 더 쭈어 워이 쌍 허 지우 커 이 마

⊃ 이곳에 무도장이 있습니까?

这里有舞厅吗？

쪄 리 유 우 팅 마

⊃ 이곳에 한국노래를 부를 수 있는 노래방이 있습니까?

这儿有可以唱韩国歌的歌厅吗？

쩔 유 커 이 창 한 궈 꺼 더 거 팅 마

168

이곳에 게임방이 있습니까?

这儿有游戏厅吗？

살 유 요 시 팅 마

어딜 가야 춤을 출 수 있습니까?

去哪儿可以跳舞呢？

취 날 커 이 탸오 우 너

어서 오십시오. 몇 분이십니까?

欢迎光临！几位？

환 잉 꾸앙 린   지 워이

함께 추지 않겠어요?

一起跳好吗？

이 치 탸오 하오 마

옆에 앉아도 되겠습니까?

可以坐你旁边吗？

커 이 쭤 니 팡 밴 마

춤을 잘 추시네요.

你跳的很好。

니 탸오 더 헌 하오

당신이 좋아하는 스포츠는 무엇입니까?

你喜欢什么体育项目?

니 씨 환 썬 머 티 위 쌍 무

저는 육상경기 구경을 좋아합니다.

我很喜欢看田径赛。

워 헌 씨 환 칸 티앤 찡 싸이

오늘 어떤 경기가 있습니까?

今天有什么比赛?

찐 티앤 유 썬 머 비 싸이

그 체육관을 가려면 어떻게 가야 합니까?

去那个体育馆该怎么走?

취 나 거 티 위 꾸안 까이 쩐 머 저우

중국에선 프로축구가 상당히 인기가 높습니다.

职业足球在中国是个热门。

즈 예 주 치우 짜이 쭝 궈 쓰 거 러 먼

오늘 프로축구 경기가 열립니까?

今天有职业足球比赛吗?

찐 티앤 유 즈 예 주 치우 비 싸이 마

어디서 축구시합을 하고 있습니까?

有没有什么地方在进行足球比赛?

유 메이 유 썬 머 띠 팡 짜이 찐 씽 주 치유비 싸이

어디서 시합이 있습니까?

在哪儿比赛?

짜이 날 비 싸이

입장권은 어디서 살 수 있습니까?

在哪儿买入场券?

짜이 날 마이 루 창 챈

입장권을 구해 주십시오.

请给我买入场券。

칭 께이 워 마이 루 창 챈

운동장을 안내해 주십시오.

请带我去球场。

칭 따이 워 취 치우 창

⊃ 경기가 몇 시부터 시작이죠?

几点开始比赛?
지 댄 카이 스 비 싸이

⊃ 운동장에서 먹을 것도 팝니까?

球场里也卖吃的吗?
치우 창 리 예 마이츠 더 마

⊃ 이 자리에 앉아도 되겠습니까?

可以坐在这儿吗?
커 이 쭈어 짜이 쩔 마

⊃ 경기가 벌써 시작이 됐네요.

比赛已经开始了。
비 싸이 이 징 카이 스 러

⊃ 어디가 이기고 있습니까?

哪个队赢呢?
나 거 뚜이 잉 너

⊃ 관중들이 꽤 많이 들어왔군요.

来观看的人夠多得了。
라이 꾸안 칸 더 런 꺼우 둬 더 러

⊃ 관중들의 응원이 대단합니다.

球迷的助威声很大。
치우 미 더 쭈 워이 썽 헌 따

⊃ 관중들의 열기가 뜨겁습니다.

球迷的热情很高昂。
치우 미 더 러 칭 헌 까오 앙

⊃ 시합 결과는 어떤가요?

比赛结果怎么样?
비 싸이 지에 궈 쩐 머 양

⊃ 지금 축구경기의 점수가 몇 대 몇입니까?

现在足球比赛的比分是多少?
씨앤 짜이 주 치유 비 싸이 더 비 펀 쓰 둬 쏘우

⊃ 2대 1입니다. 중국팀이 이겼습니다.

二比一，中国队赢了。
얼 비 이   쭝 궈 뚜이 잉 러

⊃ 관중들의 열기가 뜨겁습니다.

球迷的热情很高昂。
치우 미 더 러 칭 헌 까오 앙

PART 7

" 보람있는
쇼핑 즐기기

이 근처에 백화점이 어디 있습니까?

这个附近的百货商店在哪儿？

쩌 거 푸 찐 더 빠이 훠 쌍 띠앤 짜이 날

이곳의 쇼핑센터는 어디에 있습니까?

这个地方的购物中心在哪儿？

쩌 거 띠 팡 더 꺼우 우 쭝 씬 짜이 날

공예품은 어디서 팝니까?

工艺品在哪儿买？

꿍 이 핀 짜이 날 마이

어디서 한약제를 팝니까?

哪有卖中药的？

나 유 마이 쭝 요우 더

면세점이 있습니까?

有没有免税商店？

유 메이 유 미앤 쑤이 쌍 띠앤

176

믿을만한 골동품점을 한군데 소개해 주세요.

请介绍一家信得过的古玩店。

칭 찌에 싸오 이 쟈 씬 더 꿔 더 구 완 띠앤

여기서 가장 큰 쇼핑센터는 어디입니까?

这里最大的购物中心是哪儿？

쩌 리 쭈이 따 더 꺼우 우 쭝 씬 쓰 날

이 지방의 특산물을 사고 싶은데 어디로 가야 합니까?

想买这个地方的特产品，去哪儿好呢。

쌍마이 쩌 거 띠 팡 더 터 찬 핀 취 날 하오너

이 근처에 재래시장은 없습니까?

这个附近没有老旧市场吗？

쩌 거 푸 찐 메이 유 라오 찌우 쓰 창 마

그걸 사려면 어디로 가야죠?

想买那个东西，去哪儿好呢？

쌍 마이 나 거 뚱 시 취 날 하오너

선물가게가 없을까요?

没有礼品商店吗？

메이 유 리 핀 쌍 띠앤 마

02 unit 매장을 찾을 때

신사복 매장은 몇 층이죠?

几楼卖绅士服？

지 러우 마이 썬 쓰 푸

2층으로 올라가십시오.

请到二楼。

칭 따오 얼 러우

에스컬레이터가 있습니까?

有自动扶梯吗？

유 쯔 뚱 푸 티 마

엘리베이터는 어느 쪽에 있습니까?

电梯在哪边？

띠앤 티 짜이 나 삐앤

숙녀복 매장은 어디에 있습니까?

女装柜台在哪儿？

누 장 꾸이 타이 짜이 날

○ 스포츠용품은 어디에 있습니까?

在哪儿可以买到运动用品?

짜이 날 커 이마이따오 윈 뚱 융 핀

○ 전자제품을 사려면 어느 쪽으로 가야죠?

哪儿卖电子产品?

날 마이 띠앤 즈 찬 핀

○ 보석류를 사려고 하는데 보석매장은 몇 층에 있습니까?

首饰在哪儿卖?

써우 쓰 짜이 날 마이

○ 넥타이는 어디서 팝니까?

在哪儿买领带?

짜이 날 마이 링 따이

○ 문방구 매장을 찾습니다.

我找文具柜台。

워 짜오 원 주 구이 타이

○ 공예품은 어디서 팝니까?

工艺品在哪儿买?

꽁 위 핀 짜이 날 마이

가게에 들어서서

➡ 안녕하세요?

你好吗?
니 하오 마

➡ 어서 오십시오. 뭘 찾으시죠?

欢迎光临! 您需要什么?
환 잉 꾸앙 린   닌 쒸 야오 썬 머

➡ 어서 오십시오. 무엇을 도와드릴까요?

请进。 需要我们帮助吗?
칭 찐   쒸 야오 워 먼 빵 쭈 마

➡ 물건을 구경해도 됩니까?

可以观看一下吗?
커 이 꾸안 칸 이 쌰 마

➡ 물론이죠. 마음껏 구경하십시오.

当然可以。 请随便看吧。
땅 란 커 이   칭 쑤이 삐앤 칸 바

🔁 잠깐 보기만 하겠습니다.

我就看看。
워 찌유 칸 칸

🔁 그저 구경 좀 하고 있습니다.

不买什么只是看一看。
뿌 마이 썬 머 즈 쓰 칸 이 칸

🔁 미안하지만, 이것 좀 보여 주시겠어요?

劳驾! 请把这个拿给我看看好吗?
라오 찌야   칭 바 쩌 거 나 께이 워 칸 칸 하오 마

🔁 이것 말고 다른 것도 있습니까?

除此之外还有其他的吗?
추 츠 즈 와이 하이 유 치 타 더 마

🔁 손에 들고 봐도 되겠습니까?

可以拿起来看吗?
커 이 나 치 라이 칸 마

🔁 고를 테니까 몇 개 갖다 주세요.

请拿几个我挑挑。
칭 나 지 거 워 툐우 툐우

🔁 이것은 어디 제품입니까?

这是哪儿的产品?

쩌 쓰 날 더 찬 핀

🔁 다른 것도 있습니까?

还有别的吗?

하이 유 비에 더 마

🔁 좀 더 큰 것은 있습니까?

有没有大一点儿的?

유 메이 유 따 이 댈 더

🔁 여기는 정찰제입니다.

这里是不讲价的。

쩌 리 쓰 뿌 쟝 쨔 더

🔁 다른 것으로 바꿔 주세요.

请给换一下。

칭 께이 환 이 쌰

🔁 구경 잘 했습니다.

欣赏一下会很好的。

씬 쌍 이 쌰 후이 헌 하오 더

➡ 좀더 돌아다녀 보고요.

再转一转。

짜이 쭈안 이 쭈안

➡ 왜 가격이 맞지 않습니까?

为什么价格不一样?

워이썬 머 짜 거 뿌 이 양

➡ 아뇨, 마음에 드는 물건을 고르기가 힘들어서요.

不是的, 想挑一个称心的东西真不容易。

뿌 쓰 더   쌍 타오 이 거 천 씬 더 뚱 시 쩐 뿌 룽 이

➡ 상품의 종류가 상당히 많군요.

商品的种类相当多。

쌍 핀 더 중 레이 씨앙 땅   뒤

➡ 제 애인에게 줄 선물을 찾고 있습니다.

正在挑选给爱人的禮物。

쩡 짜이 타오 쒸앤 께이 아이 런   더 리 우

➡ 제 아들에게 줄 선물은 어떤 것이 좋을까요?

给儿子买什么禮物好呢?

께이 얼 즈 마이 썬 머 리 우 하오 너

물건값을 흥정할 때

⊃ 값이 얼마죠?

这个多少钱?

쩌 거 둬 쏘우 치앤

⊃ 하나에 얼마입니까?

多少钱一个?

둬 쏘우 치앤 이 거

⊃ 한 세트에 얼마입니까?

多少钱一套?

둬 쏘우 치앤 이 타오

⊃ 저것과 이것은 가격이 같습니까?

那个和这个价钱一样吗?

나 거 허 쩌 거 쨔 치앤 이 양 마

⊃ 이것과 같은 값의 물건이 있습니까?

有没有和这个价钱差不多的?

유 메이 유 허 쩌 거 쨔 치앤 차 뿌 둬 더

○ 이 가격은 정찰제입니까?

这是明码实价吗?

쩌 쓰 밍 마 스 쨔 마

○ 가격을 적힌 대로 다 받습니까?

按照明码实价收钱吗?

안 짜오밍 마 스 쨔 써우 치앤 마

○ 좀 싸게 해주십시오.

便宜点吧。

팬 이 댄 바

○ 가격이 너무 비쌉니다.

这个价格太贵了。

쩌 거 쨔 거 타이 꾸이 러

○ 좀더 깎아 줄 수 있습니까?

少算点儿, 行吗?

싸오 쌴이 댈   커이 마

○ 죄송합니다. 이제 더 깎아 줄 수 없습니다.

对不起, 我们这儿不减价。

뚜이 뿌 치   워 먼 쩔   뿌 지앤 쨔

> 좀더 싼 것은 없습니까?

有没有便宜点的?

유 메이 유 팬 이 댄 더

> 이것이 제일 싼 것입니다.

这是最便宜的了。

쩌 쓰 쭈이 피앤 이 더 러

> 여기에 흠이 있는데요. 좀 싸게 해 주시겠어요?

这儿有毛病，能不能便宜一点儿?

쩔 유 모우 삥 넝 뿌 넝 피앤 이 이 댈

> 물건을 많이 사면 좀 싸게 해 줍니까?

多买几个能便宜点儿吗?

뒤 마이 지 거 넝 피앤 이 댈 마

> 물건을 많이 샀는데 좀 깎아 주십시오.

买了这么多东西便宜点吧。

마이 러 쩌 머 뒤 뚱 시 팬 이 댄 바

> 깎아 주시면 몇 개 더 사겠습니다.

如果便宜点再买几个。

루 궈 팬 이 댄 짜이 마이 지 거

얼마나 깎아드려야 사시겠습니까?

你要打几折才能买呢？

니 요 따 지 저 차이 넝 마이 너

비싼데 할인은 안 됩니까?

太贵了！能不能打折扣呢？

타이 꾸이 러   넝 뿌 넝 따 저 커우 너

최대한 싸게 해주십시오.

最好是给便宜点吧。

쭈이 하오 쓰 게이 피앤 이 댄 바

아주 싸게 드리겠습니다.

这个东西给你最便宜的价格。

쩌 거 뚱 시 게 이니 쭈이 엔 이 더 쨔 거

물건이 좋긴 한데 값이 너무 비싸군요.

东西虽然不错，可是价格太贵了。

뚱 시 쑤이 란 뿌 춰   커 쓰 쨔 거 타이 꾸이 러

이 정도면 거저나 마찬가지입니다.

现在这个价格等于白给的一样。

씨앤 짜이 쩌 거 쨔 거 떵 위 바이 게이 더 이 양

→ 계산은 어디에서 합니까?

在哪儿交钱?

짜이 날 쨔오 치앤

→ 어디서 지불합니까?

在哪儿付钱?

짜이 날 푸 치앤

→ 계산을 부탁합니다.

拜托您给我算一下。

빠이 투어 닌 께이 워 쑤안 이 쌰

→ 전부 얼마죠?

一共多少钱?

이 꿍 뒤 쏘우 치앤

→ 신용카드를 쓸 수 있습니까?

能用信用卡吗?

넝 융 씬 융 카 마

○ 한국 돈도 받습니까?

可以用韩币付钱吗?

커 이 융 한 삐 푸 치앤 마

○ 여기 있습니다. 영수증을 주십시오.

给你, 请给我开个收据。

께이 니 칭 게이 워 카이 거 써우 쮜

○ 이것이 영수증입니다.

这是收据。

쩌 쓰 써우 쮜

○ 계산이 틀립니다.

算错了。

쏸 춰 러

○ 거스름돈은 여기 있습니다.

给你零钱。

께이 니 링 치앤

○ 거스름돈이 부족한데요.

零钱有点不够。

링 치앤 유 댄 뿌 꺼우

옷을 구입할 때

저것을 한번 보여 주십시오.

能不能给看一下那个东西。

넝 뿌 넝 께이 칸 이 쌰 나 거 뚱 시

저것을 잠깐 볼 수 있을까요?

能不能看一下那个东西?

넝 뿌 넝 칸 이 쌰 나 거 뚱 시

이건 어때요?

这件怎么样?

쩌 찌앤 쩐 머 양

이것은 유행하는 물건입니다.

这可是时髦(流行)的。

쩌 커 쓰 스 모우 (류 씽) 더

입어봐도 되겠습니까?

能穿上试试吗?

넝 촨 쌍 쓰 쓰 마

다른 색상은 있습니까?

有其他颜色的吗?

유 치 타 앤 써 더 마

한 사이즈 더 큰 것은 있습니까?

有再大一号(小一号)的吗?

유 짜이 따 이 하오 (싸오 이 하오) 더 마

화려한 것 말고 수수한 것은 없습니까?

有没有不太鲜艳的?

유 메이 유 뿌 타이 씨앤 이앤 더

이 옷은 디자인이 마음에 들지 않습니다.

这件衣服的款式不太称心。

쩌 찌앤 이푸 더 콴 쓰뿌타이 천 씬

이런 디자인으로 다른 색깔은 없습니까?

这种款式的有没有其他颜色?

쩌 중 콴 쓰 더 유 메이 유 치 타 이앤 써

어울립니까?

适合我吗?

쓰 허 워 마

➡ 거울을 한 번 보겠습니다.

想看一下镜子。

쌍 칸 이 쌰 찡즈

➡ 어떤 무늬의 옷을 좋아합니까?

你喜欢什么图案的衣服？

니 씨 환 썬 머 투 안 더 이 푸

➡ 너무 화려하지 않은 것이면 됩니다.

不太华丽的就可以了。

뿌 타이 화 리 더 찌우 커 이 러

➡ 너무 화려한 것 같군요.

好象太华丽了。

하오 씨앙 타이 화 리 러

➡ 이 매장에 속옷을 파는 곳은 어디입니까?

这家商场里在哪儿卖内衣？

쩌 쟈 쌍 창 리 짜이 날 마이 네이 이

➡ 옷이 너무 조이는데 저한테 작은 것 같습니다.

衣服很紧，我穿有点小。

이 푸 헌 진 워 추안 유 댄 쌰오

물로 세탁해도 되나요?

用水洗也可以吗?

융 쑤이 씨 예 커 이 마

세탁하면 옷이 줄어들지 않을까요?

用水洗不出褶吗?

융 쑤이 씨 뿌 추 저 마

이것은 물로 막 빨아도 됩니다.

这个可以用水洗。

쩌 거 커 이 융 쑤이 씨

이보다 조금 큰 것을 주십시오.

请给拿一双比这个大一点的。

칭 께이나 이 쌍 비 쩌 거 따 이 댄 더

다른 디자인은 없습니까?

有没有其他款式?

유 메이 유 치 타 콴 쓰

이런 것으로 여러 색깔을 보여 주십시오.

就这个样式请给看一下其他颜色吧。

찌우 쩌 거 양 쓰 칭 께이 칸 이 쌰 치 타 이앤 써 바

⊃ 구두 한 켤레 사고 싶은데요.

我想要一双皮鞋。
워 샹 야오 이 쌍 피 시에

⊃ 어떤 색상을 원하십니까?

您要什么颜色的?
닌 야오 썬 머 앤 써 더

⊃ 검정 구두를 사고 싶은데요.

我要黑的。
워 야오 헤이 더

⊃ 이 구두는 어떠십니까?

这一双怎么样?
쩌 이 쌍 쩐 머 양

⊃ 이 구두는 너무 큽니다.

这一双太大了。
쩌 이 쌍 타이 따 러

194

▶ 이것은 딱 맞습니다.

这双正好。

쩌 쌍 쩡 하오

▶ 이 구두 신어봐도 됩니까?

这个皮鞋可以试一下吗?

쩌 거 피씨에 커 이 쓰 이 쌰 마

▶ 이 가방을 보여 주십시오.

请给我看一下这个皮包。

칭 께이워 칸 이 쌰 쩌 거 피 빠오

▶ 무엇으로 만든 겁니까?

用什么做的?

융 썬 머 쭈어 더

▶ 소가죽으로 만든 것입니다.

是用牛皮加工的。

쓰 융 니우 피 지아 꿍 더

▶ 다른 디자인은 없습니까?

有没有其他图样的?

유 메이 유 치 타 투 양 더

⮕ 좀더 작은 것은 없습니까?

没有比这个小一点的吗?

메이 유 비 쩌 거 쌰오 이 댄 더 마

⮕ 열쇠가 달린 가방으로 주십시오.

请给我带钥匙的皮包。

칭 께이 워 따이 야오 쓰 더 피 빠오

⮕ 시계와 보석매장은 몇 층으로 가야 할까요?

手表和手饰柜台在几楼?

써우 뺘오 허 써우 쓰 꾸이 타이 짜이 지 러우

⮕ 반지를 보여 주십시오.

请给我看一下戒指。

칭 께이 워 칸 이 쌰 찌에즈

⮕ 어떤 반지를 원하십니까?

您需要什么样的戒指?

닌 쒸 야오 썬 머 양 더 찌에즈

⮕ 보십시오. 여기에 진열되어 있습니다.

看看吧, 就在这儿摆着呢。

칸 칸 바 찌우 짜이 쩔 빠이 저 너

196

○ 껴봐도 됩니까?

可以试一试吗?

커 이 쓰 이 쓰 마

○ 어떤 디자인을 원하십니까?

您需要什么图样的?

닌 쒸 야오 썬 머 투 양 더

○ 이 반지는 어떻습니까?

这个戒指怎么样?

쩌 거 찌에 즈 쩐 머 양

○ 그것보다 그 옆의 반지를 보여 주십시오.

请给我看一下那个旁边的戒指。

칭 께이 워 칸 이 쌰 나 거 팡 삐앤 더 찌에 즈

○ 너무 작지 않을까요?

是不是太小了?

쓰 뿌 쓰 타이 쌰오 러

○ 가격표대로 파는 겁니까?

按价格表卖吗?

안 찌아 거 뺘오 마이 마

⊃ 선물을 사고 싶은데요.

我想买点儿纪念品带回去。

워 쌍 마이 댈 찌 낸 핀따이후이 취

⊃ 가격이 적당한 선물이 있습니까?

有价格适中的礼品吗?

유 짜 거 쓰 중 더 리 핀 마

⊃ 저 수제품은 손으로 짠 것입니까?

这刺锈是手织的吗?

쩌 츠 쓔 쓰 써우 즈 더 마

⊃ 이곳의 특산품은 무엇입니까?

本地有什么特产?

번 띠 유 썬 머 터 찬

⊃ 중국화는 얼마짜리부터 있습니까?

中国画起价多少?

쭝 궈 화 치 짜 뒤 쏘우

⊃ 똑같은 부채를 두 개 주세요.

要两把一样的扇子。

야오 량 바 이 양 더 싼 즈 .

⊃ 여기는 어떤 특산물이 있습니까?

这里有什么特产?

쩌 리 유 썬 머 터 찬

⊃ 여기는 자수한 손수건이 인기가 있습니다.

这种绣花手娟儿很受欢迎。

쩌 중 슈 화 써우 쩬 헌 써우 환 잉

⊃ 향기가 부드러운 향수를 주세요.

给我香味柔和一点儿的香水。

게이 워 샹 워이 러우 허 이 댈 더 썅 쑤이

⊃ 무슨 차가 가장 유명합니까?

最有名的是什么茶?

쭈이 유 밍 더 쓰 썬 머 차

⊃ 어깨 결림에는 무슨 한약이 있습니까?

什么中药治肩膀酸痛?

썬 머 쭝 요우 쯔 지앤 방 쏸 퉁

자양강장제는 어떤 것이 있습니까?

有什么滋补强身的药吗？

유 썬 머 즈 부 챵 썬 더 요우 마

신경통에 잘 듣는 약이 있습니까?

有治疗神经痛的药吗？

유 쯔 랴오 선 징 퉁 더 요우 마

이 도장 재료는 무엇입니까?

这个图章什么材料？

쩌 거 투 쨩 썬 머 카이랴오

이것은 무엇으로 만들었습니까?

这是用什么做的？

쩌 씨 용 썬 머 쭈오 떠

이건 어떤 재료로 만들었습니까?

这是用什么材料做的？

쩌 씨 용 썬 머 카이랴오쭈오 떠

품질이 좀더 좋은 것이 있나요?

有质量好一点的吗？

유 찌 량 하오위 댄 떠 마

교환 및 환불을 원할 때

이걸 바꿔 주시겠어요?

这个可以换吗?

쩌 거 커 이 환 마

이 물건은 교환이 됩니까?

这个东西可以换吗?

쩌 거 뚱 시 커 이 환 마

다른 물건과 교환할 수 있습니까?

可以换其他东西吗?

커 이 환 치 타 뚱 시 마

이건 흠집이 있으니까 바꿔 주세요.

这个有毛病，给换一个吧。

쩌 거 유 모우 삥   께이 환 이 거 바

조금 전에 산 물건을 반품할 수 있나요?

刚才买的东西能退货吗?

깡 차이 마이 더 뚱 시 넝 투이 훠 마

새것으로 바꿔 주세요.

给我换个新的。

께이워 환 거 씬 더

똑같은 상품이 있습니까?

有同样的商品吗?

유 통 양 더 쌍 핀 마

이 옷을 교환하고 싶은데요.

打算换这个衣服。

따 쑤안 환 쩌 거 이 푸

이 구두를 다른 구두로 바꾸고 싶은데요.

打算换别的皮鞋。

따 쑤안 환 비에 더 피 씨에

이 옷을 환불받을 수 있습니까?

这个衣服可以退钱吗?

쩌 거 이 푸 커 이 투이 치앤 마

환불해 주십시오.

请给退钱吧。

칭 께이 투이 치앤 바

10 포장 및 배달을 부탁할 때

⊃ 미안하지만, 포장해 주세요.

麻烦你给包一下。
마 판 니 께이 뿌우 이 쌰

⊃ 어떻게 포장해 드릴까요?

怎么包好？
쩐 머 뿌우 하오

⊃ 이건 선물이니 포장해 주세요?

这是礼品，请包装一下。
쩌 쓰 리 핀   칭 빠오 쫭 이 쌰

⊃ 하나로 포장해 주십시오.

包成一个吧。
빠오 청 이 거 바

⊃ 쇼핑백 하나만 주십시오.

请给一个购物袋。
칭 께이 이 거 꺼우 우 따이

203

🔁 따로따로 포장해 주세요.

请分开包。

칭 펀 카이 뽀우

🔁 하나하나씩 포장해 줄 수 있나요?

一个一个地包，行吗？

이 거 이 거 더 뽀우   씽 마

🔁 리본을 달아서 포장해 주십시오.

在包装上打一个绸带。

짜이빠오 쭈앙 쌍 다 이 거 쵸우 따이

🔁 봉지에 넣어 주시겠어요?

请给装在袋子里，好吗？

칭 께이 좡 짜이 따이 즈 리   하오 마

🔁 선물이니까 예쁘게 포장해 주세요.

我要送人，请包装得漂亮点。

워 야오 쑹 런   칭 빠오 장 더 표우 량 디얄

🔁 이 물건 배달도 됩니까?

这儿可以送货到家吗？

쩔 커 이 쑹 훠 따오 쟈 마

🔁 죄송합니다만, 저희 백화점에선 배달을 하지 않습니다.

对不起，我们百货店没有送货的业务。

뚜이 뿌 치　　워 먼 빠이 훠 띠앤 메이 유 쑹 훠 더 예 우

🔁 배달료는 필요치 않습니까?

是不是要付送货费用？

쓰 뿌 쓰 야오 푸 쑹 훠 페이 융

🔁 언제쯤 배달이 가능합니까?

什么时候可以送货？

썬 머 스 허우 커 이 쑹 훠

🔁 이 주소로 배편으로 부쳐 주세요.

请用船运寄到这个地址。

칭 융 촨 윈 찌따오 쩌 거 띠 즈

🔁 북경호텔로 보내줄 수 있습니까?

能给送到北京饭店吗？

넝 께이 쑹 따오 뻬이징 판 땐 마

🔁 오늘 저녁까지 이것을 보관해 주실 수 있습니까?

你们可以把这个保管到今天晚上吗？

니 먼 커 이 빠 쩌 거 빠오 관 따오 진 티앤 완 쌍 마

1966年8月18日，毛泽东佩戴红卫兵袖章，在北京天安门
楼首次检阅红卫兵，从此红卫兵组织风靡全国。

毛泽东检阅红卫兵的车队行进在长安街上。▶

PART 8

통신이용과
초대 · 방문하기

⊃ 여보세요. 안녕하세요.

喂，你好。
워이　니 하오

⊃ 공중전화가 어디 있습니까?

公用电话在什么地方？
꿍　융 띠앤 화 짜이 썬　머 띠 팡

⊃ 이 근처에 공중전화 부스가 없습니까?

这个附近没有公用电话厅吗？
쩌 거 푸 찐 메이유 꿍 융 띠앤 화 팅 마

⊃ 전화카드를 어디서 팝니까?

在哪儿卖电话卡？
짜이　 날　 마이 띠앤 화　카

⊃ 전화를 어떻게 거는지 가르쳐 주십시오.

请教我打电话的方法。
칭 쨔오 워 따 띠앤 화 더 팡 파

> 전화번호부를 볼 수 있을까요?

可以看一下电话簿吗?

커 이 칸 이 쌰 띠앤 화 뿌 마

> 안녕하세요. 왕선생 계십니까?

你好，请问王先生在吗?

니 하오　청 원 왕 씨앤 성 짜이 마

> 이 전화 사용법을 가르쳐 주세요.

请告诉我怎么打?

칭 까오 쑤 워 쩐 머 따

> 번호안내는 몇 번입니까?

查号台是多少?

차 하오 타이 쓰 둬 쏘우

> 상해의 지역번호는 몇 번입니까?

上海的区号是多少?

쌍 하이 더 취 하오 쓰 둬 쏘우

> 직접 시내전화를 걸 수 있습니까?

可以直接打市内电话吗?

커 이 즈 지에 따 쓰 네이 띠앤 화 마

저는 한국에서 온 이청수입니다.

我是从韩国来的李清水。

워 쓰 충 한 궈 라이 더 리 칭 쑤이

➲ 리씨를 부탁합니다.

我要找李先生。

워 야오 짜오 리 씨앤 썽

➲ 잠시 기다려 주십시오.

请稍等。

칭 싸오 떵

➲ 실례지만, 몇 번에 거셨죠?

对不起，您打到哪儿了？

뚜이 뿌 치 닌 따 따오 날 러

➲ 잘못 거셨습니다. 번호가 틀렸습니다.

您打错了，电话号码不对。

닌 따 춰 러 띠앤 화 하오 마 뿌 뚜이

➲ 실례지만, 누구시라고 전할까요?

对不起，您是谁？

뚜이 뿌 치 닌 쓰 쎄이

국제전화를 할 때

> 이 전화로 국제통화가 가능합니까?

用这个电话可以打国际长途吗?

융 쩌 거 띠앤 화 커 이 따 궈 찌 창 투 마

> 교환을 호출해 주십시오.

请给我叫一下总机。

칭 께이 워 짜오 이 쌰 쭝 지

> 교환은 몇 번에 걸면 됩니까?

总机的电话号码是多少?

쭝 지 더 띠앤 화 하오 마 쓰 둬 쓰우

> 여보세요, 한국의 서울을 부탁합니다.

喂, 您好! 我要韩国首尔。

워이 닌 하오 워 야오 한 궈 쇼 얼

> 여보세요, 국제전화는 어떻게 겁니까?

请问, 国际电话怎么打?

칭 원 궈 찌 띠앤 화 쩐 머 따

⊃ 네, 상대방의 전화번호를 알려 주십시오.

好的，请说一下对方的电话号码。

하오 더   칭 쑤어 이 싸 뚜이 팡 더 띠앤 화 하오 마

⊃ 한국말을 할 줄 아는 사람과 통화를 할 수 없을까요?

可以跟会说韩国语的人通话吗？

커 이 껀 후이 쑤어 한 궈 위 더 런 퉁 화 마

⊃ 한국으로 컬렉트콜을 하고 싶습니다.

我想给韩国打对付电话。

워 쌍 께이 한 궈 따 뚜이 푸 띠앤 화

⊃ 서울 번호를 말씀하십시오.

请说一下首尔的电话号码。

칭 쑤어 이 싸 쇼 얼 더 띠앤 화 하오 마

⊃ 다시 한 번 천천히 말씀해 주십시오.

请慢慢地再说一遍。

칭 만 만 더 짜이 쑤어 이 삐앤

⊃ 요금은 수신인 지불로 하실 겁니까?

需要对方付款吗？

쒸 야오 뚜이 팡 푸 쿠안 마

➲ 통화 후에 요금을 가르쳐 주십시오.

打完之后请告诉我电话费是多少。

따 완 즈 허우 칭 까오 쑤 워 띠앤 화 페이 쓰 둬 쏘우

➲ 끊지 말고 기다리세요.

不要挂机，请稍等。

뿌 야오 꾸아 지　칭 싸오 떵

➲ 끊고서 잠시만 기다리십시오.

先挂机，请稍等一下。

씨앤 꾸아 지　칭 싸오 떵 이 쌰

➲ 현재 통화중입니다. 잠깐 기다려 주십시오.

现在占线，请稍等。

시앤자이 짠 시앤　칭 싸오 떵

➲ 여보세요, 연결하겠습니다. 말씀하십시오.

喂，我帮您连接，请讲。

워이　워 방 닌 리앤 지에　칭 지앙

➲ 전화비는 제가 냅니다.

电话费由我付。

띠앤 화 페이 유 워 푸

말씀 좀 묻겠습니다. 우체국이 어디에 있죠?

请问，邮局在哪儿？

청 원　　여우 쥐 짜이 날

이 근처에 우체국이 있습니까?

这个附近有邮局吗？

쩌 거 푸 찐 유 여우 쥐 마

우편엽서를 파는 곳은 있습니까?

有没有卖明信片的地方？

유 메이 유 마이 밍 씬 피앤 더 띠 팡

우체통이 어디에 있습니까?

信箱在哪儿？

씬 씨앙 짜이 날

우체국은 몇 시에 엽니까?

邮局几点开门？

여우 쥐　지 댄 카이먼

⏺ 이 엽서를 한국으로 보내려고 합니다.

想把这张明信片寄到韩国。

샹 바 쩌 짱 밍 씬 피앤 찌 따오 한 궈

⏺ 어느 창구에서 우표를 팝니까?

在哪个窗口卖邮票？

짜이 나 거 추앙 커우 마이 여우 표우

⏺ 한국에 편지를 부치고 싶은데요.

我要往韩国寄信。

워 야오 왕 한 궈 찌 씬

⏺ 항공편입니까, 선편입니까?

航空信还是平信？

항 쿵 씬 하이 쓰 핑 씬

⏺ 이 창구에서 우표를 살 수 있나요?

这个窗口可以买邮票吗？

쩌 거 촹 커우 커 이 마이 유 표우 마

⏺ 이걸 한국으로 부치고 싶은데요.

我想把这个寄到韩国。

워 샹 바 쩌 거 찌 따오 한 궈

> 이 소포를 부치려는데요.

想寄这个包裹。

샹 찌 쩌 거 빠오 궈

> 내용물이 무엇입니까?

包裹里面有什么东西?

빠오 궈 리 미앤 유 썬 머 뚱 시

> 이 편지를 등기로 부치고 싶습니다.

想寄一个挂号信。

샹 찌 이 거 꾸아 하오 씬

> 내용물은 모두 인쇄물입니다.

里边都是印刷品。

리 밴 떠우 쓰 인 쏴 핀

> 내용물이 파손되지 않도록 잘 부탁드립니다.

拜托您注意轻放包裹。

빠이 퉈 닌 쭈 이 칭 팡 빠오 궈

> 이건 한국까지 항공편으로 얼마입니까?

这个用航空寄到韩国多少钱?

쩌 거 융 항 쿵 찌 따오 한 궈 둬 쏘우 치앤

▶ 이걸 속달로 해 주세요.

这个用快信寄出去。
쩌 거 융 콰이 씬 찌 추 취

▶ 엽서를 10장 주세요.

我要十张明信片。
워 야오 스 짱 밍 씬 피앤

▶ 한국까지 며칠 걸립니까?

寄到韩国要几天?
찌 따오 한 궈 야오 지 티앤

▶ 서울로 전보를 치고 싶습니다.

想给首尔发电报。
쌍 께이 쇼 얼 파 띠앤 빠오

▶ 전보발신지를 주십시오.

请给我电报单。
칭 께이 워 띠앤 빠오 딴

▶ 이 내용을 전보로 보내고 싶습니다.

打算把这个内容用电报发出去。
따 쑤안 빠 쩌 거 네이 룽 융 띠앤 빠오 파 추 취

이 근처에 은행이 있습니까?

这附近有银行吗?

쩌 푸 찐 유 인 항 마

환전을 하려고 왔는데요, 어디서 취급을 하죠?

我是来换钱的, 在哪儿可以换钱?

워 쓰 라이 환 치앤 더   짜이 날 커 이 환 치앤

환율은 어떻게 되죠?

今天的汇率是多少?

찐 티앤 더 후이 뤼 쓰 뒤 쏘우

달러를 인민폐로 바꾸고 싶은데요.

我要把美元兑换成人民币。

워 아오 빠 베이 위앤 뚜이 환 청 런 민 삐

한국 돈도 환전이 되나요?

也可以把韩元换成人民币吗?

예 커 이 바 한 위앤 환 청 런 민 삐 마

○ 얼마나 바꾸시겠습니까?

你要兑换多少?

니 야오 뚜이 환 둬 쏘우

○ 은행은 몇 시에 닫습니까?

银行几点关门?

인 항 지 댄 꽌 먼

○ 어느 카운터에서 인민폐로 환전할 수 있나요?

在哪个柜台兑换人民币?

짜이 나 거 구이 타이 뚜이 환 런 민 삐

○ 오늘의 환율은 얼마입니까?

今天的汇率是多少?

찐 티앤 더 후이 뤼 쓰 둬 쏘우

○ 환전수수료는 얼마입니까?

换钱的手续费是多少?

환 치앤 더 써우 쒸 페이 쓰 둬 쏘우

○ 한국 돈을 인민폐로 바꿔 줍니까?

能不能把韩币换成人民币?

넝 뿌넝 바한 삐 환 청 런 민 삐

➲ 잔돈으로 바꿔 주실 수 있나요?

能不能换成零钱?

넝 뿌 넝 환 청 링 치앤

➲ 백 원짜리 지폐를 잔돈으로 바꿔 주세요.

请把这一百块换成零钱。

칭 빠 쩌 이 바이 콰이 환 청 링 치앤

➲ 이 돈을 전부 잔돈으로 바꿔 주십시오.

请把这些钱全部换成零钱。

칭 바 쩌 씨에 치앤 취앤 뿌 환 청 링 치앤

➲ 여행자수표를 현금으로 바꿔 주세요.

请把旅行支票换成现金。

칭 빠 뤼 씽 즈 표우 환 청 씨앤 진

➲ 명세서를 확인하십시오. 수수료는 뺐습니다.

请核实一下收据,已扣除了手续费。

칭 허 스 이 쌰 써우 쮜   이 커우 추 러 써우 쉬 페이

➲ 맞는지 확인해 보십시오.

请数一下钱。

칭 쑤 이 쌰 치앤

🔄 안녕하십니까?

大家好！
따 쟈 하오

🔄 어서 들어오십시오.

快请进。
콰이 칭 찐

🔄 어서 오세요.

欢迎你。
환 잉 니

🔄 안녕하십니까? 초대해 주셔서 정말 감사합니다.

您好！对您的盛情款待表示真诚的谢意。
닌하오　뚜이 닌 더 썽 칭 쿠안 따이 삐오스 쩐 청 더 씨에 이

🔄 다시 뵙게 되어 반갑습니다.

再次见到您，感到很高兴。
짜이 츠 찌앤 따오 닌　깐 따오 헌 까오 씽

221

➡ 저의 작은 성의입니다. 받아 주십시오.

这是我的一点心意，请您收下。

쩌 쓰 워 더 이 댄 씬 이　 칭 닌 써우 쌰

➡ 고맙습니다. 감사한 마음으로 받겠습니다.

谢谢！非常感谢！

씨에 씨에　 페이 창 깐 씨에

➡ 오시느라 수고가 많으셨습니다.

来得非常辛苦。

라이 더 페이 장 씬 쿠

➡ 여기에 앉으십시오.

请这儿坐。

칭　 쩔　 쭤

➡ 차 드십시오.

请喝茶。

칭 허 차

➡ 집안 분위기가 아주 좋군요.

看来家庭气氛很好。

칸 라이 쟈 팅 치 펀 헌 하오

○ 집을 찾는 데 어렵지는 않으셨습니까?

找地址费心了吧?

짜오 띠 즈 페이 씬 러 바

○ 차린 것은 없지만 맛있게 드십시오.

招待得虽然不周到, 但希望您吃得可口。

짜오 따이 더 쒸이 란 뿌 쩌우따오 딴 씨 왕 닌 츠 더 커 커우

○ 이 요리가 맛있습니다.

这道菜很好吃。

쩌 따오 차이 헌 하오 츠

○ 아주 맛있게 먹었습니다.

吃得非常可口。

츠 더 페이 창 커 커우

○ 많이 드십시오.

请您多吃点儿。

칭 닌 둬 츠 댈

○ 좀더 드십시오.

再吃一点。

짜이 츠 이 댄

ᄀ 아닙니다. 실컷 먹었습니다.

不，我吃饱了。

뿌 워 츠 바오 러

ᄀ 잘 먹었습니다.

吃好了。

츠 하오 러

ᄀ 오늘의 초대에 감사드립니다.

对今天的招待深表谢意。

뚸이 찐 티앤 더 짜오 따이 썬 빠오 씨에 이

ᄀ 즐거운 시간이었습니다.

今天过得很愉快。

찐 티앤 꾸어 더 헌 위 콰이

ᄀ 좋은 추억이 될 것입니다.

会给我留下很好的回忆。

후이 께이 워 리우 쌰 헌 하오 더 후이 이

ᄀ 다음에 제가 답례로 초대를 하겠습니다.

为了答谢，下次我一定招待你的。

웨이 러 따 씨에 쌰 츠 워 이 띵 짜오 따이 니 더

PART 9

" 현지에서의
여러 가지 트러블

물건을 분실했을 때

여기에 있던 가방을 혹시 못 보셨습니까?

或许没看到放在这里的皮包吗?

훠 쉬 메이 칸 따오 팡 짜이 쩌 리 더 피 빠오 마

분실물 신고서는 어디입니까?

遗失物报案处在哪儿?

이 쓰 우 빠오 안 추 짜이 날

가방을 찾는 걸 도와주십시오. 부탁드립니다.

请帮我找一下皮包。拜托了。

칭 빵 워 짜오 이 쌰 피 빠오　빠이 퉈 러

가방을 택시에 두고 내렸습니다.

把皮包落在出租车里了。

빠 피 빠오 라 짜이 추 주 처 리 러

가방을 지하철에 두고 내렸습니다.

把公文包落在汽车里了。

빠 꿍 원 빠오 라 짜이 치 처 리 러

226

⊃ 여권을 분실했는데요.

我的护照丢了。

워 더 후 짜오 띠유 러

⊃ 언제 분실했습니까?

什么时候丢的。

썬 머 스 허우 띠유 더

⊃ 가방을 택시에 두고 내렸습니다.

我把包落在出租汽车上了。

워 바 뿌우 라 짜이 추 주 치 처 쌍 러

⊃ 찾을 수 있을까요?

能找到吗?

넝 짜오 따오 마

⊃ 전화로 물어 보십시오.

请替我打电话问问吧。

칭 티 워 따 띠앤 화 원 원 바

⊃ 어디서 잃어버렸는지 모르겠습니다.

我的钱包不见了。

워 더 치앤 빠오 뿌 찌앤 러

⊃ 속에 돈이 들어 있습니다.

我不知道在哪儿丢的。

워 뿌 즈 따오 짜이 날 띠유 더

⊃ 여권을 역에서 잃어버렸습니다.

我的护照在车站弄丢了。

워 더 후 짜오 짜이 처 짠 눙 띠유 러

⊃ 한국대사관에 연락해 주실 수 있습니까?

可以帮我联系韩国大使馆吗?

커 이 빵 워 리앤 씨 한 궈 따 스 꾸안 마

⊃ 여기에다 연락처를 적어 주십시오.

请留一下您的联系地址。

칭 리우 이 쌰 닌 더 리앤 씨 띠 즈

⊃ 찾으면 연락을 드리겠습니다.

如果找到会给您联系的。

루 궈 짜오 따오 후이 께이 닌 리앤 씨 더

⊃ 최대한 노력해서 찾아 드리도록 노력하겠습니다.

会尽力帮助你找回皮包的。

후이 찐 리 빵 쭈 니 짜오 후이 피 빠오 더

도난을 당했을 때

⊃ 강도야!

小偷!

싸오 터우

⊃ 살려줘요!

救命啊!

찌우 밍   아

⊃ 저놈 잡아라!

抓住他!

쭈아 쭈 타

⊃ 소매치기다, 잡아라!

是个扒手! 抓住他!

쓰 거 파 써우   쭈아 쭈 타

⊃ 도둑이다, 도둑놈 잡아라!

是个小偷! 抓小偷啊!

쓰 거 싸오 터우   쭈아 싸오 터우 아

⊃ 가진 돈 다 내놔!

把钱全部拿出来！

빠 치앤 취앤 뿌 나 추 라이

⊃ 가진 것만 다 내놓으면 해치진 않겠어.

如果把钱全部拿出来不会害你的！

루 궈 빠 치앤 취앤 뿌 나 추라이 뿌 후이 하이 니 더

⊃ 알았습니다. 해치지만 마십시오.

知道了。别害我就行了。

즈 따오 러 비에 하이 워 찌우 씽 러

⊃ 가진 것이 없습니다.

我什么也没有。

워 썬 머 예 메이 유

⊃ 이것이 전부입니다. 정말입니다.

这是我的全部。真的。

쩌 쓰 워 더 취앤 뿌 쩐 더

⊃ 파출소는 어디에 있습니까?

派出所在哪儿？

파이 추 쉬 짜이 날

⯈ 강도에게 당했습니다. 신고하려고 합니다.

小偷把钱包抢走了。我是来报案的。

샤오 터우 빠 치앤 빠오창 저우러　　워 쓰 라이 빠오 안 더

⯈ 경찰을 불러 주십시오.

请叫警察。

칭 짜오 징 차

⯈ 무슨 일이십니까?

您有什么事?

닌 유 썬 머 스

⯈ 돈가방을 도둑맞았습니다.

我的钱包被盗了。

워 더 챈 빠오 베이 또우 러

⯈ 돈지갑을 차에서 도난당했습니다.

我的钱在车上被偷了。

워 더 치앤 짜이 처 쌍 뻬이 터우 러

⯈ 소매치기를 당한 장소가 어디죠?

在什么地方被小偷偷走了?

짜이 썬 머 띠 팡 뻬이 쌰오 터우 터우 저우 러

231

➲ 불이야!

救火啊!
찌우 훠 야

➲ 도와주세요!

请帮帮我!
칭 빵 빵 워

➲ 아무도 없어요? 도와주세요!

没人吗? 请帮帮我!
메이 런 마   칭 빵 빵 워

➲ 차에 부딪혔어요.

我被车撞了。
워 베이 처 쫭 러

➲ 문이 안 열려요, 문 좀 열어주세요!

开不开门! 请帮我开一下门。
카이 뿌 카이 먼   칭 빵 워 카이 이 쌰 먼

➲ 다치지는 않았어요?

受伤了没有?
써우 쌍 러 메이 유

➲ 발목을 삔 것 같습니다.

好象扭伤了脚腕。
하오 썅 뉴 썅 러 쟈오 완

➲ 저를 이곳까지 데려다 주세요.

请你把我送到这个地方。
칭 니 빠 워 쑹 따오 쩌 거 띠 팡

➲ 이곳에 전화 좀 해 주십시오.

请替我给这儿打个电话。
칭 티 워 께이 쩔 따 거 띠앤 화

➲ 알았습니다. 같이 전화하러 갑시다.

好。我们一起去打电话吧。
하오 워 먼 이 치 취 따 띠앤 화 바

➲ 사고증명서를 발급해 주십시오.

请给我发一张事故證明书。
칭 께이 워 파 이 쌍 쓰 꾸 쩡 밍 쑤

◘ 몸이 좀 아프니 병원에 데려다 주십시오.

我不舒服，请带我去医院。

워 뿌 수 푸   칭 따이 워 취 이 왠

◘ 이 부근에 병원이 있나요?

这附近有医院吗？

쩌 푸 찐 유 이 왠 마

◘ 저를 병원에 데려다 주세요.

请陪我去一下医院吧。

칭 페이 워 취 이 싸 이 왠 바

◘ 배가 아파서 그런데 병원으로 데려다 주십시오.

我肚子疼, 请把我送到医院。

워 뚜 즈 텅   칭 바 워 쑹 따오 이 위앤

◘ 구급차를 불러 주세요.

请叫辆救护车。

칭 짜오 량 찌유 후 처

▶ 가장 가까운 약국은 어디에 있습니까?

最近的药房在哪儿?

쭈이 찐 더 요우 팡 짜이 날

▶ 진찰 예약을 하고 싶습니다.

我要门诊挂号。

워 야오 먼 전 꾸아 하오

▶ 의사의 진찰을 받고 싶습니다.

我想请大夫看一下。

워 썅 칭 따이 푸 칸 이 쌰

▶ 의사 선생님을 불러 드리겠습니다.

我去叫大夫来吧。

워 취 쨔오 따이 푸 라이 바

▶ 입원을 하려고 합니다.

我来住院的。

워 라이 쭈 왠 더

▶ 저는 어떤 보험도 들지 않았습니다.

我没有任何保险。

워 메이 유 런 허 빠오 씨앤

⊃ 어디가 아픕니까?

你哪儿不舒服?
니 날 뿌수푸

⊃ 앉으십시오. 어디가 불편하세요?

请坐。 你哪儿不舒服?
칭 쭤 니 날 뿌수푸

⊃ 배가 아픕니다. 약을 먹어도 듣지 않습니다.

我肚子疼，吃了药也没用。
워 뚜즈 텅 츠 러 요우 예 메이 융

⊃ 몸이 불편합니다.

我觉得不舒服。
워 줴 더 뿌수푸

⊃ 토할 것 같습니다.

我想吐。
워 썅 투

○ 호흡이 곤란합니다.

呼吸很困难。

후 시 헌 쿤 난

○ 머리가 아프고 기침이 심하게 납니다.

我头痛，咳嗽的厉害。

워 터우 텅　커 써우 더 리 하이

○ 열이 좀 있습니다.

我有点儿发烧。

워 유 댈 파 쏘우

○ 한기가 듭니다.

我打寒颤。

워 따 한 짠

○ 감기가 걸렸어요.

感冒了。

깐 모우 러

○ 목구멍이 아픕니다.

我嗓子疼。

워 쌍 즈 텅

↪ 머리가 아픕니다.

我头疼。

워 터우 텅

↪ 이가 아파요.

我牙疼。

워 야 텅

↪ 두통이 심합니다.

头痛得厉害。

터우 퉁 더 리 하이

↪ 감기에 걸린 것 같습니다.

好象感冒了。

하오 씨앙 깐 마오 러

↪ 설사가 멈추지 않습니다.

还未止泻。

하이 워이 즈 씨에

↪ 자꾸 구토증이 납니다.

经常呕吐。

찡 창 어우 투

○ 지금처럼 아픈 지가 얼마나 됐습니까?

如此的症状有多长时间了?

루 츠 더 쩡 쭈앙 유 뒤 창 스 지앤 러

○ 오른쪽 발목을 삔 것 같습니다.

好象扭痛了右脚。

하오 씨앙 니우 퉁 러 여우 쟈오

○ 머리를 다쳐 피가 많이 흐릅니다.

头破了点皮, 流了很多血。

터우 푸어 러 댄 피   리우 러 헌 뒤 쒸에

○ 혈압을 재겠습니다. 소매를 걷어주십시오.

量一下血压, 请挽起袖子。

리앙 이 쌰 쒸에 야   칭 완 치 씨우 즈

○ 숨을 깊이 들이쉬십시오.

做一下深呼吸。

쭈어 이 쌰 썬 후 씨

○ 얼마나 입원해야 합니까?

我得住院住多长时间?

워 더 쭈 위앤 쭈 뒤 창 스 지앤

⊃ 여행을 계속할 수는 없습니까?

不能继续旅行吗？

뿌 넝 찌 쉬 뤼 씽 마

⊃ 약을 먹는 것만으로는 안 됩니까?

只吃药不行吗？

즈 츠요우 뿌 씽 마

⊃ 처방전을 드리겠습니다.

我给你开一个处方。

워 께이 니 카이 이 거 추 팡

⊃ 이 처방전을 가지고 약국에 가서 약을 사십시오.

拿着这个处方到药店买点药吧。

나 저 쩌 거 추 팡 따오 요우 띠앤 마이 댄 야오 바

⊃ 주사를 맞지 않아도 됩니까?

不打针也可以吗？

뿌 따 쩐 예 커 이 마

⊃ 금방 회복될 수 있을 것입니다.

马上可以恢复的。

마 쌍 커 이후이 푸 더

약을 구입할 때

약국이 어디 있죠?

药店在什么地方？

요우 띠앤 짜이 썬 머 띠 팡

약국이 어디 있는지 가르쳐 주시겠습니까?

可以告诉我药店的位置吗？

커 이 까오 쑤 워 요우 띠앤 더 워이 즈 마

감기약 있습니까?

有没有感冒药？

유 메이 유 깐 마오 요우

소화제를 주십시오.

给一点消化药。

께이 이 댄 싸오 화 요우

피로회복제 하나만 주십시오.

给一个恢复疲劳的药。

께이 이 거 후이 푸 피 라오 더 요우

↩ 진통제 하나만 주십시오.

我想买一点镇痛剂。

워 샹 마 이 댄 쩐 퉁 찌

↩ 해열제 좀 주십시오.

我 想 买 一 点 退 烧 药。

워 샹 마 이 댄 투이 싸오 요우

↩ 이 약을 먹으면 금방 열이 내릴까요?

吃了这个药可以马上退烧吗?

츠 러 쩌 거 요우 커 이 마 쌍 투이 싸오 마

↩ 그 약을 먹으면 금방 좋아질 것입니다.

吃了那个药马上会好的。

츠 러 나 거 요우 마 쌍 후이 하오 더

↩ 그 약은 기침을 멈추는 데 탁월한 약입니다.

那是止咳的特殊药。

나 쓰 즈 커 더 터 쑤 요우

↩ 약을 처방해 주세요.

请开药。

칭 카이 요우

➡️ 한약을 처방해 주세요.

我要感冒药。

워 야오 깐 모우 야오

➡️ 약을 어떻게 먹어야 합니까?

这个药怎么吃?

쩌 거 야오 쩐 머 츠

➡️ 하루에 몇 번을 먹어야 합니까?

一天吃几次?

이 티앤 츠 지 츠

➡️ 하루에 세 번, 식후에 드십시오.

一天3次, 饭后吃。

이 티앤 싼 츠   판 허우 츠

➡️ 식후 30분에 하나씩 드십시오.

饭后30分钟吃一粒就可以了。

판 허우 싼스펀 종 츠 이 리 찌우 커 이 러

➡️ 몇 알씩 먹어야 합니까?

一次吃几粒?

이 티앤 츠 지 리

" 여행을
마치고 귀국하기

비행기 예약 재확인을 할 때

○ 여보세요, 중화항공입니까?

您好! 是中国民航吗?
닌하오 쓰쭝궈민항마

○ 비행기표를 확인하고 싶은데요.

我要确认一下机票。
워야오 췌런이 쌰 지 표우

○ 한국에서 예약을 한 것입니다.

是在首尔预约的。
쓰짜이 쇼얼 위위에 더

○ 며칠 표를 예약하셨습니까?

您预定的是哪天的?
닌 위 띵 더 쓰 나 티앤 더

○ 언제 비행기표입니까?

什么时候的?
썬 머 스 허우 더

● 손님의 성함은 어떻게 됩니까?

您贵姓？
닌 꾸이 씽

● 잠시만 기다려 주십시오. 확인해 드리겠습니다.

请稍等，我给您确认一下。
칭 싸오 떵　　워 께이 닌 취에 런 이 싸

● 재확인되었습니다.

确认好了。
춰 런 하오 러

● 손님이 예약하신 비행기표는 확인되었습니다.

好，您预定的机票已经被确认了。
하오　　닌 위 띵 더 지 표우이 징 뻬이 춰 런 러

● 서울행 비행기 예약을 확인하려고 합니다.

想核实一下飞往首尔的航班预约。
쌍 허 스 이 싸 페이 왕 쇼 얼 더 항 빤 위 위에

● 출발시간을 확인하고 싶습니다.

我想确认一下起飞时间。
워 쌍 취에 런 이 싸 치 페이 스 지앤

몇 시까지 체크인해야 합니까?

到几点为止办完登记开房手续?

따오 지 댄 워이 즈 빤 완 떵 찌 카이 팡 써우 쒸

항공권이 있습니까?

有机票吗?

유 지 표우 마

항공편이 없습니다.

没有航班。

메이 유 항 빤

언제 떠나실 겁니까?

打算什么时候走?

따 쑤안 썬 머 스 허우 쩌우

다른 회사의 항공편을 알아보십시오.

请打听一下别的航空公司的航班吧。

칭 따 팅 이 쌰비에 더 항 쿵 꿍쓰 더 항 빤 바

항공편 번호하고 출발 시간은 어떻게 됩니까?

航班号和起飞时间如何?

항 빤 하오 허 치 페이 스 지앤 루 허

⤷ 예약을 취소할 수 있습니까?

可以取消预约吗?

커 이 취 쌰오 위 위에 마

⤷ 사정이 생겨 며칠 더 있어야 합니다.

有一些事情，得多留几天。

유 이 씨에쓰 칭   더 둬 리우 지 티앤

⤷ 예약을 변경하고 싶습니다.

我想更改预约。

워 썅 껑 까이 위 위에

⤷ 그럼 변경하고 싶은 날짜를 말씀해 주십시오.

那么，请说一下需要更改的日期。

나 머   칭 쑤어 이 쌰 쒸 야오 껑 까이 더 르 치

⤷ 예약을 변경하고 싶은데요.

我想换一下航班。

워 썅 환 이 쌰 항 빤

249

● 예약하신 항공편은 어느 것입니까?

您原定的航班是哪个?

닌 왠 띵 더 항 빤 쓰 나 거

● 예약하신 항공편은 어느 것입니까?

您原定的航班是哪个?

닌 왠 띵.더 항 빤 쓰 나 거

● 어느 항공편으로 바꾸려고 합니까?

您要换成哪个航班?

닌 야오 환 청 나 거 항 빤

● 8월 17일 아시아나 항공편으로 바꾸고 싶습니다.

我想换成8月17号韩亚航空的航班。

워 썅 환 청 빠 웨 스 치 하오 한 야 항 쿵 더 항 빤

● 더 일찍 떠나는 편에 빈 좌석은 있습니까?

再早点的航班有空座吗?

짜이 짜오 댄 더 항 빤 유 쿵 쮀 마

● 8월 16일 오전에 떠나는 것이 있습니다.

有8月16号上午的。

유 빠 웨 스류 하오 쌍 우 더

대한항공 항공편을 탑승하고 싶은데요.

我要乘坐大韩航空的航班。

워 야오 청 쮜 따 한 항 쿵 더 항 빤

비행기표와 여권을 보여 주십시오.

请出示您的机票和护照。

칭 추 쓰 닌 더 지 퍄우 허 후 짜오

한국으로 가는 탑승구가 몇 번인가요?

去韩国的乘机口是几号?

취 한 궈 더 청 지 커우 쓰 지 하오

중국민항 탑승수속 카운터는 어디입니까?

中国民航的登机柜台在哪儿?

쭝 궈 민 항 더 떵 지 꾸이 타이 짜이 날

금연석(흡연석)으로 주세요.

请给我禁烟席(吸烟席)。

칭 께이 워 찐 앤 시 (시 앤 시)

⊃ 창가 좌석을 주세요.

请给我靠窗的座位。

칭 께이 워 카오 촹 더 쮀 워이

⊃ 일행과 나란히 앉게 해 주십시오.

请给安排一下与同行并排的座位。

칭 께이 안 파이 이 싸 위 퉁 씽 삥 파이 더 쭈어 워이

⊃ 짐은 가방 두 개가 전부입니다.

行李只有两个皮包。

씽 리 즈 유 량 거 피 빠오

⊃ 짐은 이 가방뿐인데 가지고 타도 되겠습니까?

只有这一个皮包，可以随身携带吗?

즈 유 쩌 이 거 피 빠오   커 이 쑤이 썬 씨에 따이 마

⊃ 수화물 초과요금은 얼마죠?

行李的超重费是多少?

씽 리 더 차오 쭝 페이 쓰 둬 쏘우

⊃ 탑승구가 어디에 있습니까?

请问，登机口在哪儿?

칭 원   떵 지 커우 짜이   날

정시에 출발하나요?

整点起飞吗？
쩡 댄 치 페이 마

얼마나 지연이 되는 겁니까?

拖延多长时间？
튀 이앤 둬 창 스 지앤

서울에는 몇 시에 도착합니까?

几点到达首尔？
지 댄 따오 다 쇼 얼

몇 시에 탑승이 시작됩니까?

几点开始登机？
지 댄 카이 스 떵 지

탑승이 시작되었습니까?

开始登机了吗？
카이 스 떵 지 러 마

네, 그렇습니다. 빨리 서두르십시오.

是啊，请抓紧时间吧。
쓰 아　청 쭈아 진 스 지앤 바

단번에 통하는
중국어 여행회화

인쇄일 | 2016년 5월 5일
발행일 | 2016년 5월 15일

엮은이 | 어학연구소 편저
대　표 | 장삼기
펴낸이 | 신귀현
펴낸곳 | 도서출판 사사연

등록번호 | 제10 – 1912호
등록일 | 2000년 2월 8일
주소 | 서울시 강서구 강서로 29길 55, 301(화곡동)
전화 | 02-393-2510, 010-4413-0870
팩스 | 02-393-2511

인쇄 | 성실인쇄
제본 | 동신제책사
홈페이지 | www.ssyeun.co.kr
이메일 | sasayon@naver.com

임시특가 10,000원
ISBN 979-11-956510-3-0 03730